8° DOUBLE
G 2742

ÉTUDES D'ÉCONOMIE COLONIALE

Premier fascicule

COLONIES ALLEMANDES

IMPÉRIALES ET SPONTANÉES

PAR

Henri HAUSER

PROFESSEUR A L'UNIVERSITÉ DE CLERMONT

PARIS

LIBRAIRIE NONY ET Cⁱᵉ

63, BOULEVARD SAINT-GERMAIN, 63

1900

Librairie NONY et Cie, Boulevard Saint-Germain, 63, à Paris.

Annuaire de la Jeunesse, par H. VUIBERT (10ᵉ année). *Moyens de s'instruire. Choix d'une carrière.* — Un vol. de 1160 pages ; broché, 3 fr. ; cartonné. . . . . 4 fr. »

> L'Annuaire de la Jeunesse est apppelé à être entre les mains de tous les jeunes gens et des parents soucieux de l'avenir et de l'éducation de leurs enfants. On y passe en revue tout ce qui a trait à l'instruction universitaire et technique des garçons et des filles à tous les degrés.

Bulletin de l'Enseignement technique (3ᵉ année), publié sous les auspices du Ministère du Commerce, de l'Industrie, des Postes et des Télégraphes. — Paraît le samedi, en général tous les quinze jours. Abonnement annuel : France, 6 fr. ; Étranger. . . . . 7 fr. »

Journal de Mathématiques élémentaires (21ᵉ année), publié par H. VUIBERT. — In-4°, avec fig. et épures dans le texte. Abon. . 5 fr. »

L'Éducation mathématique, journal in-4° paraissant le 1ᵉʳ et le 15, publié par CH. BIOCHE et H. VUIBERT. — Abon. du 1ᵉʳ octobre au 15 juillet. 5 fr. »

Revue de Mathématiques spéciales (10ᵉ année), rédigée par MM. HUMBERT et PAPELIER, avec la collaboration de MM. CHARRUIT, DESSEXON, LAMAIRE, RIVIÈRE et VUIBERT. — Abon. annuel.. . . . . 8 fr. »

A travers l'Électricité, par Georges DARY. — Un volume gr. in-4° (21 × 31). illustré de 315 gravures, broché 10 fr. ; relié toile, fers spéciaux. . . . . 14 fr. »

> Avant tout ouvrage de vulgarisation scientifique, d'une lecture facile et attachante en raison des merveilles qui passent sous les yeux du lecteur, ce très beau livre est un guide précieux pour qui veut se faire une idée bien nette du parti qu'on a tiré de l'électricité.

Mathématiques et Mathématiciens, par A. REBIÈRE. 3ᵉ édition. Un beau vol. in-8° de 566 pages. . . . . 5 fr. »

Les Femmes dans la Science, par A. REBIÈRE, 2ᵉ édition. Vol. in-8° avec portraits, autographes et fac-simile. . . . . 5 fr. »

La Vie et les Travaux des Savants modernes, par A. REBIÈRE. — Vol. in-8° avec portraits. . . . . 5 fr. »

Pages choisies des Savants modernes, par A. REBIÈRE. — Vol. in-8° de 628 pages avec portraits. . . . . 5 fr. »

Récréations arithmétiques, par E. FOURREY. — Un volume in-8°, illustré. . . . . 3 fr. 50

Science et Patrie (Choix de lectures morales, patriotiques, scientifiques), par R. SUÉRUS et E. JULLIEN. — Un beau vol. in-8°. . . . . . . 4 fr. »

Les Pierres et les Plantes, par M. CAUSTIER. professeur agrégé au lycée de Versailles. — Un vol. gr. in-12 de 424 pages avec 526 fig., relié toile.. . . . . 2 fr. 50

> On trouvera dans cet ouvrage, à côté de l'exposé élémentaire et classique de la Botanique et de la Géologie, d'intéressants détails complémentaires relatifs, par exemple, à la provenance et à la culture des divers produits coloniaux comme le le thé, café, le cacao, le caoutchouc, fruits, céréales, etc.

Technologie commerciale, par MEYRAT et DARDANT. professeurs à l'Ecole de commerce de Limoges. — 6 fascicules gr. in-12.

   1ᵉʳ fascicule : *Métaux.* — Vol. avec grav. et cartes. . . . . . 2 fr. »
   2ᵉ fascicule : *Produits chimiques, Engrais, Explosifs.* — Vol. de 368 pages avec cartes et gravures.. . . . . 3 fr. »

Programmes des conditions d'admission :
  à l'Ecole coloniale. — Broch. in-12. . . . . 0 fr. 30
  à l'Ecole coloniale d'Agriculture de Tunis. . . . . 0 fr. 30
  à la Section coloniale de l'Ecole supérieure de Commerce de Marseille, 0 fr. 30. Plan d'études à la même section.. . . . . . 0 fr. 30

CHARTRES. — IMPRIMERIE DURAND, RUE FULBERT.

COLONIES
ALLEMANDES

ÉTUDES D'ÉCONOMIE COLONIALE

Premier fascicule

COLONIES ALLEMANDES

IMPÉRIALES ET SPONTANÉES

PAR

Henri HAUSER

PROFESSEUR A L'UNIVERSITÉ DE CLERMONT

PARIS

LIBRAIRIE NONY ET Cie

63, BOULEVARD SAINT-GERMAIN, 63

—

1900

AVANT-PROPOS

Les quelques études réunies dans ce premier fascicule ont paru, sous leur première forme, dans les *Questions diplomatiques et coloniales* (1).

Cependant, ce que je donne aujourd'hui au public est tout autre chose qu'un simple recueil d'articles de revue. J'avais utilisé, pour composer ces articles, deux instruments de travail de tout premier ordre : l'excellent résumé, *Deutschlands Kolonien* (2), publié en 1898 par M. Kurt Hassert, et surtout l'inestimable atlas des colonies allemandes de Paul Langhans (3) ; ses 50 cartes et 300 cartons fournissent, sur les colonies proprement dites et sur la diffusion du germanisme dans le monde, une masse de renseignements géographiques, ethnographiques, économiques telle que n'en présente aucun recueil analogue pour aucun peuple. J'avais mis mes notes à jour par des recherches dans les périodiques.

(1) Année 1899, t. VII, p. 286, 476, t. VIII, p. 76, 214, 342, 474.

(2) Voy. *Bibliographie des Annales de Géographie* de 1898, n° 151.

(3) *Deutscher Kolonial Atlas*, Justus Perthes. Voy. aussi le *Kleiner Deutscher Kolonial Atlas*, en 8 cartes, publié tout récemment par la Société coloniale (Berlin, Reimer, 1900).

Mais, si vite que l'on rédige une série d'articles, on risque toujours, en matière coloniale, d'être devancé par les événements. A l'heure même où mes articles paraissaient, j'étais obligé de les corriger. Le 8 novembre 1899, la convention de Samoa (1) venait bouleverser le chapitre que j'avais consacré aux colonies du Pacifique, et même quelque peu mon étude sur le Togo.

Il était donc nécessaire que ces études, avant d'être réunies sous une même brochure, fussent réellement *revues et corrigées*. Pour ce travail de mise au point, je me suis surtout servi de la *Deutsche Kolonial Zeitung* (2). J'ai eu la bonne fortune de pouvoir y consulter, avant de renvoyer ces feuilles à l'impression, un résumé du rapport que la section coloniale de l'office des affaires étrangères présenta au Reichstag, dans les derniers jours de décembre, sur l'état des colonies pendant l'exercice précédent. — Les chiffres qu'on trouvera cités ici portent donc tous (sauf peut-être une exception, la Nouvelle-Guinée) sur l'année 1899, ou plus exactement sur la période octobre 1898-octobre 1899. On aura ainsi le tableau de l'état *actuel* de la colonisation allemande.

Les croquis, forcément très imparfaits et très hâtivement gravés dont j'avais accompagné au jour le jour mes articles, ont été refaits par les soins de la maison Nony. Cette partie du travail est donc, elle aussi, nouvelle en une certaine mesure. Ce ne sont pas des cartes qui puissent

(1) Voy. *Quest. dipl. et col.*, t. VIII, p. 474.

(2) J'en ai trouvé la collection à la Bibliothèque de l'Office colonial. Je saisis cette occasion pour remercier de leur courtoise obligeance les conservateurs de ce jeune dépôt.

suppléer à l'absence d'un atlas ; ce sont simplement des croquis destinés à guider le lecteur, et dans lesquels j'ai cherché à mettre en lumière quelques faits économiques.

D'une façon générale d'ailleurs, c'est sur cet ordre de faits que j'ai insisté. Je n'ai pas prétendu faire œuvre de géographe. J'ai voulu, sur une base géographique que je crois avoir établie solide, montrer comment s'édifiait un établissement colonial ; ce sont les questions actuelles et vivantes, le peuplement, les plantations, le commerce, la main-d'œuvre, les communications, le budget des colonies que j'ai voulu étudier. De là vient le titre, qui sans ces explications pourrait paraître un peu ambitieux, d'*Études d'économie coloniale*, que j'ai donné à cette série.

J'ai commencé par l'Allemagne. Il nous avait semblé, à la direction des *Questions* et à moi-même, qu'il y avait urgence à faire connaître au public français ce jeune empire, né d'hier et déjà très vivace, et sur lequel aucune étude d'ensemble n'avait encore paru chez nous (1). Une nation qui, en seize ans, devient une nation coloniale et se hausse déjà sinon au premier, du moins au second rang, c'est là un fait considérable et qui doit intéresser les peuples possesseurs de colonies.

Comment s'est formé l'Empire allemand d'outre-mer ? Quelles fautes ont été commises, quelles évitées par ses fondateurs ? Que vaut cet empire, quel avenir peut-on lui assigner, quelle place prendra-t-il à côté des empires anglais, russe, français ? Quelles parties de cet empire

(1) Pendant que mes articles paraissaient dans les *Questions*, M. Gaston Routier en a donné un à la *Nouvelle Revue*.

payeront les sacrifices faits par la métropole, quelles autres resteront improductives ? Questions capitales, d'autant plus qu'elles nous obligeront souvent à faire un retour sur nous-mêmes et que de l'œuvre d'autrui nous tirerons un enseignement.

Puisse cet enseignement contribuer à nous guérir des deux manies contradictoires dont nous sommes tout ensemble affligés : manie de nous admirer nous-mêmes, manie de nous dénigrer et de tout admirer des autres. On trouvera dans l'œuvre allemande bien des péchés coloniaux dont nous nous croyons seuls coupables, on n'y trouvera pas toutes les vertus coloniales que possèdent les Français. Par contre, on pourra y rencontrer plus d'unité dans les méthodes, une orientation plus pratique, une part plus grande faite aux entreprises d'avenir, aux œuvres réellement productives. Il y a dans les colonies allemandes de l'excellent et du pire, et nos coloniaux y trouveront à prendre et à laisser. Nous avons dédaigneusement souri, il y a quelques années, quand on nous parlait de l'œuvre coloniale des Allemands. Nous avions tort. Mais nous n'aurions pas raison de les admirer et de les imiter sans réserve.

Il suffit de parcourir leurs revues coloniales pour voir le cas qu'ils font de la colonisation française ; ils étudient de très près nos possessions, l'Algérie, la Tunisie, l'Indo-Chine, et nos grands colonisateurs, un Brazza ou un Galliéni. Ils profitent ainsi à la fois de nos succès et de nos échecs. C'est en cela surtout que nous devons suivre leur exemple.

Leur empire a ceci de particulier qu'il est encore dans

une crise de croissance. C'est un empire en formation qui n'a pas encore trouvé ses limites ni peut-être sa forme définitive. Déjà — nous le rappelions plus haut — des îles du Pacifique qui étaient allemandes sont devenues anglaises, des îles qui n'étaient à personne sont entrées dans le domaine impérial, un territoire neutre a été découpé en Afrique entre l'Allemagne et l'Angleterre. Nous assisterons encore plus d'une fois à ces échanges et à ces partages. Chaque fois que ses rivaux traverseront des périodes difficiles, l'Allemagne cherchera à se débarrasser des lots improductifs pour les troquer contre des lots plus fertiles.

Stanley la raillait autrefois d'avoir échangé « un pantalon neuf contre un vieux bouton de culotte ». C'est une faute qu'elle n'a pas recommencée et elle s'est fait donner, à Samoa, tout un habit. Il n'est pas sûr que les sables et les cailloux du Kaokoveld restent éternellement allemands ; mais il ne faut pas jurer qu'on ne verra pas flotter un jour le tricolore noir-blanc-rouge sur la côte de Moçambique. Enfin la Chine septentrionale est dès à présent ouverte à l'Allemagne, comme à l'Angleterre et à la Russie.

Quoi qu'il en soit de ces possibilités de l'avenir, il était bon de montrer l'Empire allemand tel qu'il est en 1900, de noter les territoires que l'Allemagne a intérêt à conserver (sans parler de ceux qu'elle a envie d'acquérir), ceux dont elle cherchera peut-être à se défaire (1).

Je n'ai pas cru devoir limiter cette étude aux seuls pays qui sont officiellement, impérialement allemands. Il me

(1) J'ai dit par exemple (p. 114) que l'Allemagne ne pouvait plus guère trouver, à la surface du globe, de territoires de peuplement. Mais il n'est pas impossible qu'elle acquière des territoires actuellement possédés par d'autres peuples.

semble qu'il faut entendre sous le vocable *colonies* toutes les terres neuves, situées hors d'Europe, dont l'appropriation est tentée par des groupes d'Européens. Ainsi entendues, les plus importantes des colonies allemandes ne sont pas les territoires placés sous le protectorat de l'Empire (*Schutzgebiete*). Ces colonies spontanées, aux États-Unis, au Brésil, contribuent d'ailleurs à la richesse et à la puissance de l'Empire (1).

(1) Voy. sur ce sujet G. Blondel, *L'Essor économique du peuple allemand*. — J'avais espéré trouver les moyens de compléter ces *Études* à l'Exposition de 1900. Mais, à une demande de renseignements que je lui avais adressée, M. le commissaire général d'Allemagne a bien voulu me répondre par la lettre suivante : « J'ai l'honneur de vous faire connaître que l'Allemagne ne prend pas part à l'Exposition des Colonies. Les produits et les documents relatifs aux « Deutschen Schutzgebieten » ne sont donc représentés nulle part à l'Exposition Universelle. »

ÉTUDES D'ÉCONOMIE COLONIALE

—

PREMIER FASCICULE

—

COLONIES ALLEMANDES

I

TOGO

Aperçu géographique. — La colonie de Togo (1) est située sur la côte des Esclaves, entre les possessions anglaises de la Côte d'Or et nos établissements du Dahomey. Au point de vue géographique, elle ne diffère en rien de la colonie française voisine. Elle présente également, le long d'une mer peu profonde, un littoral plat, sans ports, bordé par une barre infranchissable aux navires ; passagers et marchandises sont transportés par des barques indigènes, qui font souvent naufrage, pour le plus grand bonheur des requins. Derrière la plage, qui s'enfonce en pente douce sous le niveau des flots, s'étendent des dunes de 1ᵐ,50 à 3 mètres de haut, couvertes de buissons impénétrables que coupent de rares sentiers ; c'est seule-

(1) Von FRANÇOIS. *Die wirtschaftliche Lage im Togogebiet* (D. K. Ztg. 1899, n° 48).

ment au commencement de ce siècle que les Portugais ont planté sur ces dunes des palmiers cocotiers. Cette langue de sable enferme un réseau d'étroites lagunes (ou lits de lagunes sèches, sauf à l'époque des pluies), qui courent parallèlement à la côte sans communiquer avec elle, sinon par d'étroites ouvertures plus ou moins permanentes : tandis que Grand Popo, sur territoire français, a un chenal ouvert en tout temps, le seul chenal situé en territoire allemand, à Klein Popo, ne s'ouvre qu'une fois environ tous les quatre ou cinq ans. La largeur de la lagune ne dépasse pas 1 kilomètre, sauf dans ce qu'on appelle les *lacs* de Wo et de Togo ; la profondeur moyenne est de 3 mètres. La lagune est riche en poissons, mais d'une redoutable insalubrité.

Elle est longée au Nord par une berge assez haute, qui mène à une vaste plaine ondulée, savane à graminées de 3 mètres de hauteur, avec des forêts en galeries le long des vallées fluviales, et de place en place des bouquets d'arbres : cocotiers, qui persistent jusqu'à 160 kilomètres de la côte, cotonniers, baobabs, mais surtout palmiers à huile, l'arbre par excellence de la côte de Guinée, qui se rencontre de plus en plus fréquent, à l'état sauvage ou cultivé, à mesure que l'on s'approche des montagnes. De place en place s'ouvrent dans la savane des terrains de culture : culture par des procédés rudimentaires, épuisement du sol suivi d'abandon et passage à un nouveau défrichement. Les indigènes, qui y sont nombreux, y récoltent le maïs, le poivre, la patate, diverses légumineuses, le riz, le sorgho, la banane, l'ananas, le coton, et plus encore les précieuses noix du palmier à huile, l'*elæïs guineensis*. Ces noix sont ou utilisées sur place pour l'alimentation indigène, ou envoyées telles quelles en Europe, ou transformées en huile dans des huileries locales. Mais la production de l'*elæïs* est si considérable (600 à 800 fruits par régime, 4 maturations par an) qu'une masse énorme de fruits reste inexploitée à cause de l'insuffisance des communications : en raison du prix élevé des transports, cette marchandise ne peut supporter un trajet de plus de cinq jours entre le lieu de cueillette et la côte. Les indigènes tirent encore de l'*elæïs* (par incision) du vin de palmier et (feuilles et tronc) des matériaux de construction pour leurs huttes. Cette zone a environ 40 kilomètres d'épaisseur.

Grâce à l'*elæïs*, principal agent de l'économie locale, la population est dense dans la zone des savanes : on l'évalue à près de 2 millions, soit 40 par kilomètre carré, ce qui est beaucoup pour une terre africaine. Au milieu des cultures et des palmeraies se trouvent de gros villages : Togo a 8 000 âmes ; Bé, la ville-fétiche, 3 000 : à Wo, tous les cinq jours, se tient un marché fréquenté par 10 000 hommes. Cette population est surtout formée de nègres soudaniens, fétichistes analogues à ceux du Dahomey, généralement paisibles, et assez industrieux (tanneries, tissages, poteries) : parmi eux des métis portugais, bons commerçants, menteurs, mais d'une activité qu'on trouverait difficilement chez des nègres.

Le climat, sur la côte, est celui des tropiques, avec pluies équinoxiales : de mars à juin, humidité absolue : après une première saison sèche, commence en septembre une seconde saison des pluies, suivie d'une seconde saison sèche. Mais les vents (O. et S.-O.) perdent leur humidité sur le littoral, et la savane ne reçoit guère que 60 à 70 centimètres d'eau par an : les sécheresses n'y sont pas rares : celle de 1896-97 a duré 7 à 8 mois et causé de vrais désastres. La température moyenne est de 26° ; les mois les plus chauds correspondent à notre hiver, quoique Togo soit à plus de 6° au N. de l'équateur : l'été, l'échauffement du Sahara détermine un appel d'air S.-S.-O., qui rafraîchit la côte : l'inverse se produit l'hiver : alors souffle le vent du désert ou *harmattan*. Somme toute, climat défavorable à l'Européen, malgré la brise de mer ; l'alimentation en eau potable est déplorable. Entre la région côtière et les montagnes, sur une largeur de 40 à 80 kilomètres, s'étend une steppe pauvre en eau, pauvre en hommes.

Au N. de la savane se dressent subitement des chaînes orientées du N.-E. au S.-O., qui aboutissent à la mer dans le voisinage du poste anglais d'Akkra, bandes de quartzites et de schistes, d'une hauteur moyenne de 700 à 800 mètres. Les pluies y sont abondantes : 1 506 millimètres à Bismarckburg, 1 568 à Misahöhe. La moyenne n'est plus que de 23°,7, soit 26°,1 en février et seulement 21° en juillet. Grâce au climat et au peu de perméabilité du sol, les sources sont nombreuses, et de là sortent les fleuves qui descendent vers la lagune : les affluents de la Volta, en particulier l'Oti : le Mono, navigable sur 100 kilomètres ; les autres, aussitôt entrés en plaine, baissent ou même disparaissent en temps de sécheresse. La montagne, en dehors de hautes prairies d'élevage pour les buffles, est surtout couverte de forêts : palmiers, figuiers, ébéniers, caféiers sauvages, lianes à caoutchouc (*landolphia*). La population y est encore dense (25 au kilomètre carré, soit environ 250 000 habitants). Elle est plus pauvre, plus rude que celle de la côte, et inquiète souvent les caravanes. En 1889, des travailleurs noirs de la côte anglaise sont venus dans ce district récolter le caoutchouc ; ils ont réalisé de tels bénéfices que les indigènes ont abandonné tout autre travail pour se livrer à l'exploitation de la *landolphia* : exploitation dévastatrice, car la liane ne survit pas à l'incision. On y cultive aussi le riz, la canne, le tabac. l'indigo, la kola.

Les chaînes (que la Volta traverse par des rapides) forment le rebord du plateau soudanien, d'une altitude moyenne de 400 mètres, pays de steppes buissonneuses et boisées. La séparation entre la saison des pluies et la saison sèche devient absolue : la rosée, si abondante ailleurs, fait défaut ; en temps chaud, le sol (composé d'argile rouge brique ou *latérite*) se fend, les ruisseaux se perdent, les caravanes sont obligées d'emporter leur eau. L'*elæis* disparaît progressivement (complètement dans le Dagomba) pour faire place à l'arbre à beurre. L'agriculture redevient active, de même que l'élevage du bœuf, du cheval, de l'âne ; le porc. abondant parmi les peuplades fétichistes de la côte, disparaît ici sous l'influence de l'Islam. Cette influence (entretenue par les pèlerinages à la Mecque) et celle de la race supérieure des Peulhs se manifestent par une organisation politique plus avancée, par l'existence de villes populeuses, par les qualités guerrières d'un peuple de cavaliers pillards et grands chasseurs d'esclaves. L'esclavage domestique est très développé. Le commerce des caravanes est entre les mains des Haoussas. Le major von François estime que, dans l'avenir, cette région élevée, avec son climat plus sain, ses bois et ses brousses, deviendra la plus riche de la colonie, si des communications faciles la mettent en relation avec la côte.

Prise de possession. — Pour échapper aux droits perçus par les Anglais sur la Côte d'Or, des négociants de Brême avaient établi, il y a une vingtaine d'années, des factoreries sur le territoire indépendant de Togo. Déjà les Anglais avaient excité contre eux les indigènes, et il avait été nécessaire d'envoyer sur la côte de Guinée un navire de la flotte allemande, lorsqu'en 1883 le gouvernement demanda aux villes hanséatiques un rapport général sur leur commerce dans l'Ouest africain. Le célèbre voyageur Nachtigal, nommé à cette occasion « commissaire impérial pour l'Afrique occidentale », fut chargé d'aller étudier cette question sur place. A bord de l'aviso *Möve*, il arriva le 5 juillet 1884 à Bagida et fit signer au roi de Togo un traité de protectorat. La frontière orientale fut déterminée par le traité du 24 décembre 1885 : la France céda Petit Popo contre une enclave à l'embouchure de la Dubreka. Par la convention du 1ᵉʳ juillet 1890 avec l'Angleterre, fut délimitée la frontière ouest. Ces conventions n'ont laissé à l'Allemagne ni les embouchures du Mono (1) ni celles de la Volta.

Restait la question de l'hinterland. Au début, le protectorat allemand ne s'étendait pas en fait au N. de Wo. Les

---

(1) Modifié en 1897.

expéditions de von François, de Wolf et de Kling amenèrent la création, dans la montagne, à environ 140 kilomètres de la côte, de la station de Bismarckburg (à 710
mètres d'altitude) : on espérait détourner vers ce poste le

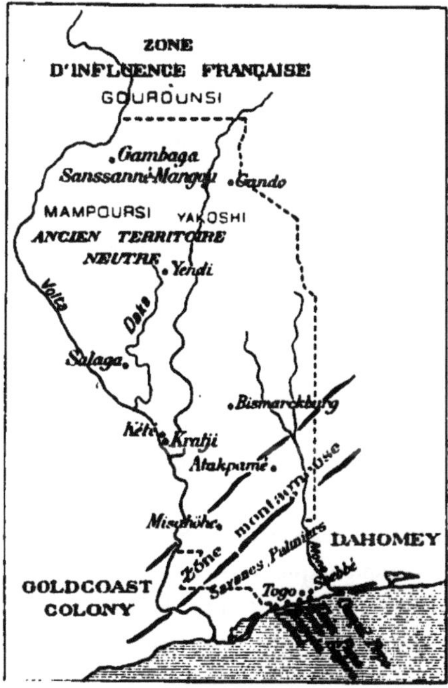

Togo (Cette carte ne donne pas la frontière occidentale).

trafic des caravanes, et de là s'étendre vers Salaga et le
Borgou. On s'aperçut très vite que Bismarckburg était
très mal choisi au point de vue commercial, et le poste
fut transporté à Kété-Kratji sur la Volta. Pour couvrir la

route entre Kété ...)te, un nouveau poste fut installé à la traversée de ... .tagnes, à Misahöhe (par 470 mètres d'altitude).

Mais les expéditions des Français au Dahomey et des Anglais dans l'Achanti menaçaient d'enlever aux Allemands toute possibilité d'extension vers le Niger. Malgré la formation du *Togo-Komitee* et les efforts des expéditions Gruner et Carnap, les Allemands n'ont réussi qu'à installer un poste à Sanssanné-Mangou ; mais l'expédition Decœur, en opérant la jonction de notre Côte d'Ivoire et du Dahomey, a définitivement arrêté l'hinterland allemand au 11° N. Par compensation, le traité franco-allemand de 1897 a cédé au Togo la rive gauche de la partie inférieure du Mono, poussant la côte allemande jusqu'en face de Grand Popo. Au N.-O., le quadrilatère du Dagomba formait récemment encore (1) un territoire neutre entre les possessions anglaises et allemandes. Ainsi délimité, le Togo mesurait, en 1899, 82 330 kilomètres carrés.

Colonisation et commerce. — Ne pouvant plus espérer une extension quelconque vers le Nord, les Allemands ont pris pour programme de faire de la colonisation intensive dans les deux districts de l'huile de palme et du caoutchouc. Ces deux produits seront longtemps encore les plus importants. L'*elæïs* a donné lieu, en 1895, aux exportations suivantes en chiffres ronds :

Noix, 9 millions de kilogrammes. .   1 687 000 marks
Huile de palme, 3 millions de litres   1 089 000   —

(1) Voy. p. 11.

plus les tourteaux expédiés en Europe pour la nourriture des bestiaux. Ces seuls produits fournissaient la presque totalité de l'exportation (2 millions 740 sur 3 millions o5o) (1). Pendant les années suivantes, la production est tombée, par suite de sécheresses exceptionnelles, jusqu'à n'atteindre respectivement que 780 000 et 130 400 M. Mais de 1898 à 1899, à la suite de bonnes pluies, l'exportation des noix a remonté de 3 à 4 millions de kilogrammes.

Les autres produits susceptibles d'être exportés sont les suivants :

De petites quantités d'ivoire existant dans l'intérieur.

Le caoutchouc (environ pour 300 000 marks en 1895).

A côté de la landolphia, qui pousse à l'état sauvage mais qui est épuisée par les procédés de culture dévastatrice des indigènes, les Allemands ont planté d'autres espèces, la *Kicksia Africana* et le *Manihot*, qui se prêtent à une exploitation rationnelle et qui réussissent même sur la côte.

L'huile de *copra*, extraite de la noix de coco, qui est de plus en plus demandée par les industries européennes, notamment par celle des savons. Aux 67 000 cocotiers existants, la Société dite *Kpeme-Plantagengesellschaft* (près de Porto Seguro) vient d'ajouter 8 000 semis. L'exploitation n'en est encore qu'à ses débuts.

Le café : les premiers essais ont été faits en 1888 au cap Palmas. Il existe actuellement 65 000 arbres (*Liberia*) en plein rapport et, ce qui est important pour l'avenir, à peu

---

(1) Les arachides sont plus rares que dans la Côte d'Or ou les colonies françaises de la Guinée et du Sénégal. De même la noix de kola.

près autant de jeunes plants. On a essayé le cacao à
Misahöhe. Le cotonnier s'est montré peu rémunérateur.
Il y aura lieu d'exploiter les bois, en particulier l'acajou.
La station botanique de Sebbé étudie ces diverses cul-
tures (1).

Au point de vue purement commercial, la situation de
Togo est plutôt défavorable. Pas d'hinterland : les routes
à caravanes qui se dirigent vers le Nord aboutissent au
Niger, c'est-à-dire en dehors de la zone d'influence allemande. D'autre part, le commerce des districts Sud-
Ouest s'écoule tout entier par la voie fluviale, la Volta,
qui a ses deux rives inférieures en territoire anglais.
Comme elle est, malgré quelques rapides, navigable pour
les petits vapeurs jusqu'à Kété-Kratji, une partie du commerce de cette place est détournée vers la Côte d'Or, car
le transport à dos d'hommes atteint des prix très élevés
et il y a, par terre, douze jours entre Kété et Lomé. Aussi
envoie-t-on de Kété dix fois plus de caoutchouc à la côte
anglaise que vers la côte allemande. Inversement, ce sont
les traitants anglais qui apportent le sel à Kété, où les
marchands haoussas viennent l'acheter, pour aller le
revendre en détail dans le Soudan. Kété a bénéficié de la
ruine de Salaga, détruite à la suite des guerres avec les
Dagombas de Yendi. En 1889, Kété avait 6 000 âmes:
elle en a près de 30 000 (dont des colonies haoussas) et
le double à l'époque des caravanes. Mais Kété, malgré
son poste qui surveille la contrebande anglaise, restera une
dépendance économique de l'Angleterre tant que la Volta

(1) Nous retrouverons dans toutes les colonies allemandes ces stations, en
relation avec le jardin colonial de Victoria Park à Berlin.

ne fera pas ligne frontière jusqu'à son embouchure. Pendant longtemps, la région anglaise à l'Est de la Volta, qui formait une zone douanière franche, absorbait même le commerce de la côte ; aujourd'hui, une sorte d'union douanière a été conclue entre les deux colonies. Les Allemands espéraient, en renonçant en faveur de l'Angleterre à leurs prétentions sur le riche territoire neutre de Salaga-Yendi, obtenir la rive gauche de la Volta.

Une clause de l'arrangement, relatif aux Samoa, du 8 novembre dernier, règle cette question du territoire neutre. Ce territoire est supprimé, mais la Volta ne forme pas frontière sur tout son parcours. Cette frontière est d'abord formée (1), à l'entrée de l'ancien territoire neutre, par le Daka, affluent de rive gauche de la Volta, de façon à laisser à l'Angleterre le district de Salaga. Plus haut, dit le texte très vague de la convention, elle doit être fixée par une commission mixte, de façon à laisser à l'Angleterre les États de Gambaga et de Mampoursi. L'Allemagne acquiert ceux de Yendi et de Yakoshi, mais « l'espoir de donner la Volta comme frontière au Togoland est perdu pour toujours. »

Les coloniaux allemands essaient de se consoler (2) de cette déconvenue (3) en se persuadant que Salaga a perdu

---

(1) Voy. les cartes insérées dans la *Deutsche Kol. Zeitung* (nos 46 et 48 de l'année 1899), sous réserve des travaux de la future commission de délimitation. Les Anglais ont l'intention de tenir tout le temps la frontière à l'est du cours de la Volta. Dans la carte ci-jointe nous nous sommes abstenus, par prudence, de donner une représentation graphique de la nouvelle frontière.

(2) Communication du lieutenant Thierry à la Société coloniale, le 21 novembre 1899.

(3) D'ailleurs compensée par les gros avantages recueillis dans le Pacifique (voy. ch. V).

considérablement de son importance, au détriment de Sanssanné-Mangou, grande ville de 60 à 70000 habitants, musulmans de toutes races : que le Mampoursi est un pays sans grande valeur ; que l'importance de la Volta comme voie navigable a été exagérée et qu'il y a, en territoire allemand, une excellente route à caravanes par Yendi et Mangou. Tout cela est fort joli, mais la rive gauche de la Volta aurait bien mieux fait leur affaire.

De même, avant 1897, Grand Popo drainait commercialement la vallée du Mono, et le sel de nos lagunes se vendait à Sagada. A cet égard, la dernière convention nous a été très défavorable : sur douze factoreries qui existaient à Grand Popo, neuf veulent s'établir sur la rive ouest (aujourd'hui allemande) du Mono, afin de n'avoir plus à franchir deux lignes de douanes pour pénétrer dans le cours supérieur du fleuve. Encore les Allemands ne sont-ils pas satisfaits, parce que la navigation directe jusqu'à Grand Popo est plus commode que le passage à travers la lagune pour aller déboucher à Klein Popo.

Parmi les ports de la côte, les anciennes stations portugaises de Bagida et de Porto Seguro (avant-port de Togo) sont tout à fait en décadence. Le principal mouvement commercial se concentre à Lomé, le seul point de la côte allemande qui ait, en tout temps, de libres communications avec l'intérieur. De Lomé, le protectorat a construit une excellente route de 4 à 8 mètres de large, qui arrive déjà à mi-chemin de Misahöhe, et qui sera poursuivie jusqu'à Kété-Kratji. Elle fera, dans une certaine mesure, pour les marchandises riches et légères, concurrence à la voie fluviale, surtout quand elle aura été doublée d'un chemin de fer et quand Lomé sera, comme notre port de Kotonou, muni d'un wharf permettant aux navires de débarquer leur cargaison en dehors de la barre. Simple village nègre il y a quelques années, Lomé est une ville de 4 000 âmes, à rues régulières, avec marché, deux églises (une des Missions catholiques, une de la Mission évangélique de l'Allemagne du Nord), un quartier haoussa, des plantations de cocotiers, et une douzaine de factoreries, dont deux françaises (C. F. Fabre et Cⁱᵉ, et Mante frères et Borelli de Régis aîné) et deux anglaises. Depuis 1897, c'est la résidence du gouverneur, officiellement « capitaine du pays pour la côte de Haute-Guinée (*Landeshauptmann für Ober-Guineaküste*) ».

Klein Popo, avec ses 6 600 habitants, ses factoreries (notamment les succursales des deux maisons françaises ci-dessus) a gardé une certaine importance : c'est l'avant-port de Sebbé, l'ancien siège du gouvernement. Établi sur une étroite langue de terre entre la mer et la lagune, il communique moins facilement que Lomé avec l'intérieur.

De tout ce qui précède il ressort que, pour la colonie, la grosse question est celle des communications. Les porteurs, à 25 ou 30 kilogrammes par homme (on ne peut guère expédier de colis pesant plus de 50 kilogrammes), se font payer environ 1 M. par jour, soit par étape de 25 kilomètres. Cela met à 5 M. le transport de la charge, à 200 M. celui de la tonne entre Lomé et Misahöhe. Or le prix moyen de la principale denrée du pays, l'huile de palme, n'est que de 130 M. la tonne : cette marchandise ne peut donc supporter que des transports à très faible distance. Le Mono n'est navigable qu'à 5 jours de distance, la Volta est pratiquement anglaise. On pense que la construction de routes et l'établissement d'un service de roulage, au besoin par automobiles, abaisseraient considérablement le prix de transport de la tonne, en attendant la construction : 1° d'un chemin de fer côtier, car il faut 8 heures 1/2 pour franchir les 52 kilomètres de sable qui séparent Klein Popo de Lomé ; 2° d'un chemin de fer de pénétration sur Misahöhe et Atakpamé (1); 3° (dans un avenir plus lointain) d'une ligne de Misahöhe à Sanssanné-Mangou.

L'importation de Togo est à peu près égale à l'exportation. Elle a atteint 2 491 000 en 1898 et 3 millions en 1899. A eux seuls, les spiritueux (eaux-de-vie de Hambourg vendues aux indigènes) représentent 800 000 M.. soit 1 million de francs ; le reste est fourni par les vêtements, les denrées alimentaires (conserves), le tabac, les instruments en fer. A ne tenir compte que du commerce qui se fait par la côte, une partie seulement passe par des mains allemandes (exportation 1 470 000) : sur 143 vaisseaux entrés en 1895 avec 149 000 tonnes, il y avait seulement 51 vaisseaux allemands (surtout de la *Wörmann Linie*) avec 61 000 tonnes. Encore ne faut-il pas oublier tout ce qui s'écoule vers Akkra par la Volta et vers le Nord par les caravanes haoussas.

Mais, somme toute, et malgré sa conformation géographique défectueuse. la colonie peut être dès à présent

(1) HUEPFELD. *Die Verkehrsverhältnisse in Togo* (*D. Kol. Ztg.*, 1899. nᵒˢ 43. 44 et 45).

considérée comme prospère. Elle subvient à ses dépenses, et ne recevait récemment qu'une allocation du « Fonds africain pour stations scientifiques ». C'est seulement pour la première fois en 1897 que, pour lui permettre de rivaliser avec les deux colonies française et anglaise voisines, le budget impérial lui a accordé une subvention de 242 000 M., qui s'est élevée à 254 000 en 1898 (1). Les dépenses sont de 804 000 M. Les recettes locales (surtout fournies par la douane) dépassent 550 000 M.

L'ordre est maintenu par un très petit nombre de postes militaires (Sebbé, Misahöhe, Kété-Kratji, Bismarckburg, Sanssanné-Mangou). Il y a 11 officiers et sous-officiers européens, commandant à 250 noirs.

La population blanche, en 1895, ne dépassait pas 96 personnes, fonctionnaires, missionnaires et commerçants, dont 82 Allemands. En 1898, il y avait 113 blancs, dont 101 Allemands. Actuellement on compte au Togo 118 Européens (dont 32 à Lomé) sur lesquels 107 Allemands. Togo, en raison de son climat, ne peut espérer devenir une colonie de peuplement : c'est un excellent type de la colonie de commerce et de plantations (*Handels und Plantagen-Kolonie*). Sans avoir devant elle le superbe avenir de ses voisines anglaise et française, qui aboutissent au Niger, elle est susceptible d'un développement assez important. La question capitale est pour elle la question des transports.

(1) Le budget de 1900 la porte à 270.

II

CAMEROUN

La colonie de Cameroun tire son nom de l'estuaire du
Cameroun (ainsi appelé du mot portugais *camardo*, crabe,
à cause des millions de crustacés trouvés en cet endroit
par les premiers navigateurs qui y abordèrent), situé en
face de l'île de Fernando-Po, par 4° de latitude N. Elle
s'étend entre le protectorat anglais de la côte du Niger
et les établissements français du Congo et de l'Ouban-
gui. Telle que l'ont délimitée les derniers traités, la
zone d'influence allemande pénètre dans le continent
africain, tantôt assez large, tantôt rétrécie (environ
100 kilomètres seulement d'épaisseur au sud du 10°),
jusqu'à la rive méridionale du lac Tchad. Cette zone (qui
est loin d'être, actuellement, dans son ensemble une
colonie allemande) couvre une superficie de 493 600 kilomètres carrés, supérieure aux cinq sixièmes de celle de
la France. En réalité elle comprend trois régions distinctes :
1° une région *guinéenne*, tournée vers la côte, et à laquelle
on donne plus spécialement le nom de Cameroun (en
allemand Kamerun) ; 2° l'Adamaoua, ou bassin supérieur
de la Bénoué, dépendance naturelle de la région du Niger ;
3° au nord des portions du Belda et du Bornou, orientées

vers la cuvette du Tchad. Au point de vue géographique, comme au point de vue politique ou économique, ces trois régions sont très différentes entre elles.

La région de Cameroun. — La côte allemande (1) s'étend sur une longueur de 320 kilomètres entre les deux estuaires du Rio del Rey (à l'est de la ville anglaise de Vieux-Calabar) et du Rio Campo (en face de la station française de Campo), tout au fond du golfe de Guinée, qui entre ici très avant dans la masse du continent africain. Aussi la colonie allemande ouvre-t-elle une partie de ses côtes vers le S.-O., une autre vers l'ouest. A l'exception de la haute corniche formée par l'important massif volcanique auquel on donne le nom de mont Cameroun, cette côte est uniformément plate. Elle n'est découpée que par des estuaires dont les deux plus septentrionaux, le Rio del Rey et le Cameroun, sont richement articulés. Le Cameroun surtout, véritable golfe protégé en partie par une flèche de sable, projette vers l'intérieur cinq estuaires secondaires : il s'ouvre par un chenal de 8 kilomètres de large, dont les profondeurs (6 à 17 mètres) permettent l'accès des navires de guerre ; au point de vue commercial, c'est une porte de pénétration dans l'Afrique centrale. Au sud, la côte est pauvre en ports : les embouchures de la Sannaga, du Nyong, du Lokundjé, du Kribi, du Lobé, du Campo, sont loin d'avoir le même développement : une barre, analogue à celle de la Basse-Guinée, contrarie la navigation, et les récifs sont assez nombreux.

La zone côtière, sillonnée par un réseau de bras et de

____

(1) F. PLEHN. *Die Kamerunküste* (Berlin, Hirschwald, 1898, in-8).

canaux qui font communiquer entre eux les divers estuaires, est un vaste marécage, couvert d'un labyrinthe de palétuviers, infesté par la fièvre. Ce marécage, bordé de forêts inondées, remonte assez loin le long des fleuves, atteignant au nord une épaisseur de 75 kilomètres, restreint au sud, où la côte s'élève de quelques mètres au-dessus du niveau de la mer, à une vingtaine de kilomètres seulement.

Dès que le sol se relève, on entre immédiatement dans la forêt vierge, pour n'en sortir qu'à 150 ou 300 kilomètres de là, au pied du rebord du plateau africain. C'est la forêt tropicale, avec ses fourrés impénétrables où règne une demi-obscurité semblable à la nuit, où l'on ne s'ouvre un chemin qu'à coups de hache, avec ses baobabs, ses cotonniers géants, ses manguiers, ses caféiers sauvages, ses kolatiers, ses lianes à caoutchouc. L'air y est perpétuellement humide et la température constante. Çà et là, quelques clairières cultivées : l'ensemble est naturellement à peine peuplé, certaines régions (au sud) sont tout à fait désertes.

Subitement on sort de la forêt obscure pour déboucher dans la savane aux espaces illimités, aux graminées à hauteur d'homme, semée de mimosées et de palmiers, avec des forêts le long des fleuves, pays de Yaundé, de Wouté, de Bali, à population plus dense, où apparaissent l'agriculture, le commerce, un bien-être relatif.

Sur la côte, le climat appartient au type tropical. La moyenne annuelle y est de 25°,5 : elle monte en février à 27,3, descend en juillet à 24,4 (on a observé les maxima et les minima de 32° et 20°). Malgré l'influence salutaire de la brise, c'est une des régions les plus malsaines de l'Afrique et du monde. Les pluies atteignent jusqu'à 9 mètres par an (un des chiffres les plus élevés après les 12 mètres de l'Assam) à Biboundi ; elles sont encore de plus de 4 mètres à Cameroun, et même de 2^m.75 à Baliburg et de 1^m.53 à Yaunde-Station, c'est-à-dire à plus de 200 kilomètres de la mer. Cependant, dans la savane, la température moyenne n'est plus que de 23°,5 à Lolodorf, de 22°.5 à Yaundé, de 18° à Baliburg ; et, la nuit, le thermomètre descend parfois à + 7 ou + 6°. D'une façon générale, l'Européen ne peut vivre au Cameroun plus de trois années sans retour au pays natal. Peut-être corrigera-t-on ces conditions déplorables en recourant aux cures d'altitude : le gouvernement allemand a créé un sanatorium sur les pentes du mont Cameroun, à 900 mètres d'altitude, à Buëa, où la moyenne annuelle n'est que de 18°.

Les relations entre les trois zones : marais, forêt, savane, sont assez malaisées. Les fleuves, très nombreux, forment tous des rapides en traversant les échelons gneiso-granitiques qui bordent le plateau africain. Aussi la navigation s'arrête-t-elle à 75 kilomètres en amont sur le Mungo, principal tributaire du Cameroun, à 46 sur la Sannaga, aux chutes d'Ediä, à 20 kilomètres sur le Campo.

La population, sur la forêt et dans la zone côtière, est formée presque exclusivement par la race bantou, c'est-à-dire par la race nègre pure, celle qui peuple presque tout l'intérieur de l'Afrique. Ces nègres pratiquent le morcellement politique en petits villages à roitelets. Quelques roitelets, riches en femmes et en esclaves, à la fois chefs et marchands, réussissent à établir leur suprématie sur plusieurs villages. L'esclavage, très répandu, est assez doux, l'esclave étant considéré comme une machine à travail, qu'il faut ménager. Dans le voisinage de l'estuaire de Cameroun s'est établi, depuis deux siècles, un groupe de 20 à 25 000 nègres Douallas, très supérieurs aux autres Bantous, pratiquant l'élevage des bestiaux et le commerce de l'huile. Dans la savane, l'élément bantou commence à être mêlé d'éléments berbères et arabes, et modifié par l'influence de l'Islam.

Avant l'établissement des Allemands, le commerce se composait presque exclusivement de la vente, aux maisons européennes établies sur la côte, de deux produits : l'huile de palme et l'ivoire. On donnait le nom de *pays de l'huile* à la région du Cameroun et de la Sannaga, de *pays de l'ivoire* à la région du sud. Les indigènes, réalisant de gros bénéfices comme intermédiaires entre les factoreries et les lieux de production, avaient abandonné tout travail pour se livrer au courtage. Au lieu d'organiser des caravanes directes qui auraient traversé toute l'épaisseur de la forêt et de la savane, ils multipliaient les intermédiaires et s'opposaient, au besoin par la force, à ce qu'une même caravane pût traverser les trois ou quatre ceintures successives de courtage établies entre la côte et les points d'aboutissement des caravanes haoussas. Ils étaient ainsi les seuls maîtres du négoce, des transports et des prix sur une zone large de 250 kilomètres, entre les ports du golfe et ce qu'on peut appeler les ports intérieurs du Soudan.

Adamaoua. — La région très peu connue encore qui prolonge vers le nord la colonie allemande est un pays de plateaux et de montagnes, arrosé et cultivé, avec de grandes prairies d'élevage et, vers le Tchad, des steppes parcourues par des troupeaux d'éléphants et de girafes. C'est le Soudan. La population y a été islamisée par les Peulhs et les Haoussas (1). L'Islam y substitue aux organisations rudimentaires du pays bantou de véritables États, politiquement et militairement constitués. Les conquérants peulhs ont soumis les petits royaumes nègres et ont créé des sultanats; ces sultanats sont plus ou moins directement placés sous la suzeraineté de l'émir de Yola, tributaire lui-même de l'empereur peulh du Sokoto. Au lieu des villages de la côte, nous rencontrons de vraies villes, ceintes de fossés et de murs en pisé, derrière lesquels s'étendent des terrains de culture pour le cas de siège. L'une d'elles, Ngaoumdéré, a près de 30000 âmes. Ces villes sont des centres industriels (coton, tanneries, teintureries d'indigo, poteries) et surtout des marchés d'esclaves et de denrées (particulièrement pour l'ivoire et le sel): ce sont les points de croisement des routes suivies par les caravanes haoussas qui sillonnent le pays entre les bassins côtiers du Cameroun, le Congo, la Benoué, le Chari et le Tchad.

Prise de possession. — L'existence de quelques factoreries hambourgeoises, inquiétées dès 1882 par des menées anglaises, motiva une escale de Nachtigal, qui venait de Togo, et qui eut la chance de signer des traités avec les petits roitelets de la côte, deux jours avant l'arrivée de l'agent de la compagnie du Niger (14 juillet 1884). Cependant les Anglais conservèrent d'abord le district de Victoria (au nord de l'estuaire du Cameroun), et, aidés

(1) Constantin MEYER. *Die Staatenbildung der Westsudan*, dans les *Ergänzungsh. der Mitteil*, nᵒ 121.

par un aventurier polonais, ils firent chasser le principal des roitelets protégés par l'Allemagne, Bismarck Bell. L'arrivée de deux navires de guerre n'empêcha pas un otage allemand d'être tué, un agent de la compagnie hambourgeoise de navigation Wörmann. De premières négociations fixèrent, sur la côte, les limites avec la France et avec l'Angleterre, qui échangea Victoria contre la station de Mahin sur le Bas-Niger.

La domination allemande était alors purement circonscrite à la région insalubre de la côte, complètement séparée de l'hinterland par les ceintures des courtiers indigènes. Il fallut d'abord briser cette barrière par la force, au moyen d'expéditions coûteuses et pénibles, à travers la forêt, au milieu de populations ennemies. Après plusieurs échecs, la brèche fut enfin ouverte en 1888-89 et le poste de Yaunde-Station fut installé dans la savane, au delà de la zone du courtage. Zintgraff atteignit même Yola sur la Bénoué, et créa au nord du mont Cameroun le poste de Baliburg, depuis abandonné.

Les débuts de cette pénétration dans le hinterland ne furent pas heureux. Les excès commis par le chancelier Leist, gouverneur intérimaire (1), amenèrent une révolte des troupes de police dahoméennes, que l'on dut rempla-

---

(1) A la suite d'un conflit avec Zintgraff, le second gouverneur avait été révoqué. L'effervescence des tribus n'est pas complètement disparue. « Le gouverneur du Cameroun, disent les *Quest. dipl. et col.*, du 1er mars 1900, rapporte que l'apaisement des tribus insurgées des Bouli (près de Kribi) fait des progrès sérieux. L'ordre, toutefois, n'est pas encore entièrement rétabli et les Bouli sont toujours turbulents. » — Les missions des Pallotiner ont été presque complètement détruites par les révoltés en septembre dernier. Voy. la lettre des missionnaires dans le n° 48 de la *D. K. Ztg.*

cer par une milice soudanaise. Pendant ce temps, les missions françaises (Monteil, Mizon, Maistre) traçaient entre le Niger, le Tchad et le Congo un réseau dont les mailles ténues allaient fermer l'hinterland du Cameroun. Le *Kamerun-Komitee* eut beau réunir 60000 marks en quelques jours, la compagnie anglaise eut beau laisser à l'expédition von Uechtritz libre passage sur le Niger et la Bénoué, celle-ci ne dépassa pas Marrua et ne put arriver à la grande cuvette soudanienne. En bonne justice, la colonie du Cameroun n'aurait donc pas dû être prolongée, au détriment de la France, jusqu'au Tchad, que n'avait touché aucun voyageur allemand depuis les temps héroïques de Barth et de Rohlfs. Mais, « menacés à la fois, Anglais et Allemands s'entendirent : par le traité du 15 novembre 1893, ils prolongèrent jusqu'au lac Tchad la ligne de démarcation du Cameroun allemand et des territoires réservés à la compagnie du Niger. C'était nous exclure des contrées revendiquées par Mizon. Heureusement, le traité franco-allemand, négocié à Berlin par M. Haussmann et le commandant Monteil, limita du côté de l'Est les prétentions allemandes (1). » Les limites est et sud furent définitivement fixées le 24 décembre 1895.

A l'ouest, partant du Rio del Rey, la frontière marche presque en ligne droite jusqu'au voisinage de la Bénoué : elle décrit alors une courbe dont Yola est le centre, de façon à laisser cette ville à l'Angleterre, puis elle atteint le Tchad dans sa partie la plus méridionale. La zone d'influence allemande est ensuite séparée de la zone française par le

---

(1) *Revue de Paris*, 1898, t. II, p. 892 : *Les Affaires du Niger.*

cours du Chari, puis par le dixième parallèle, laissant à
l'Allemagne une communication ouverte entre l'Adamaoua
et le Bornou, ensuite elle gagne le 15° Est de Greenwich,
qu'elle suit jusque un peu en amont du confluent entre le
Ngoko et la Sanga (ce confluent est tout entier en terre
française). Puis, du Ngoko, une ligne droite est tirée jusqu'au cours inférieur du Campo, dont la dernière boucle
vers le sud est toute française, mais dont les embouchures
ont une rive allemande.

Valeur économique et utilisation du pays. — Avant l'occupation, on l'a vu, les deux seuls articles d'exportation du
Cameroun étaient l'huile de palme et l'ivoire. Encore
aujourd'hui, les produits de l'*elæis guineensis*, là comme
au Togo, sont restés la base de l'économie coloniale. En
1895, l'exportation des noix a donné 1 120 000 et celle
de l'huile 1 040 000 marks, soit ensemble 2 160 000 sur
une exportation totale de 4 100 000. L'ivoire, au contraire (qui s'exporte par Batanga), n'a pas fourni beaucoup plus d'un demi-million.

Mais d'autres produits sont venus se joindre à ceux-là.
Des factoreries suédoises (*Afrikanska Handelsaktiebolag*)
avaient essayé la culture du caoutchouc sur les pentes du
mont Cameroun. Ces factoreries ont été reprises par une
société de Hambourg (*Deutsche Westafrikanische Handels-
gesellschaft*); la production annuelle dépasse 1 million
et demi de marks.

De plus en plus, le Cameroun tend à devenir une colonie de plantations. La station botanique de Victoria (1) a

(1) Qui est citée comme un modèle du genre, copié par toutes les colonies allemandes.

fait des essais en grand de cacao (6 300 pieds), de café
(10 500), de tabac, qui ont fort bien réussi, particulièrement pour le cacao. Le cacaoyer paraît avoir trouvé une
terre d'élection sur les pentes du mont Cameroun. Le sol,
composé de détritus volcaniques, y est d'une remarquable
fertilité, et on n'a pas à y craindre, comme à Togo, de
longues et redoutables sécheresses. On rit beaucoup, en
1889, de la première récolte de cacao fournie par la colonie : 125 kilogrammes, valant 360 marks. Mais, depuis
dix ans, un tel essor a été donné aux plantations que l'on
compte déjà 365 000 cacaoyers sur la montagne et que,
dès 1895, l'exportation atteignait la somme de 127 080
marks, et de 297 000 en 1898. Il y a donc là une culture d'avenir, d'autant plus que les conditions se rencon
trent presque aussi favorables à Mundamé, dans l'intérieur :
il suffira d'un chemin de fer de 90 kilomètres pour amener, sans trop augmenter le prix de revient, la précieuse
amande jusqu'au port d'embarquement. De 1898 à 1899,
la surface cultivée a passé de 1 300 hectares à 2 500, dont
2 200 plantés en cacao. Le café ne donne encore que quelques quintaux : en 1899, il a été atteint par un insecte
qui ronge les jeunes plants.

La grosse question, pour ces plantations, est la question
des travailleurs. Déshabituée de tout labeur par la cou-
tume du commerce d'échange, la population de la côte est
paresseuse, impudente, menteuse : elle commence à fré-
quenter les écoles allemandes, mais c'est pour y apprendre
à mieux tromper l'Européen. On a donc dû engager des
travailleurs de la savane et des montagnes, des Yaundés
et des Balis, et même faire venir des Krous du delta nigé-

rien, ou des nègres de Libéria : mais ces derniers coûtent fort cher. Actuellement on évalue à 4000 le nombre des travailleurs, sur lesquels 3000 indigènes de la colonie. On commence à recruter aussi des nègres du Togo, ce qui affranchira le Cameroun du marché libérien. La culture du tabac a particulièrement souffert de cette situation, car elle exige des travailleurs instruits, en même temps qu'un outillage onéreux de sécheries. Aussi le Cameroun ne peut-il lutter contre les colonies qui produisent le tabac de longue date (3500 kilogrammes seulement, valant 18100 marks) (1). Les autres produits importants sont l'ébène, l'acajou, le raphia et, en petites quantités, la kola, le copal et le copra. On a découvert dans la colonie le *Kickxia* à caoutchouc.

En dehors du jardin d'essai de Victoria, les principaux facteurs de cette transformation économique du Cameroun ont été les grandes compagnies de plantations. La *Kamerun Land-und-Plantagengesellschaft*, fondée en 1885, a fait venir 200 travailleurs noirs dans les environs de la Baie du Navire de guerre (*Kriegsschiffbucht*) : elle a planté, à elle seule, les 2/3 des cacaoyers et presque tous les caféiers. La *Tabaksbau Gesellschaft* (établissements Jantzen et Thormählen à Biboundi) qui, avec 240 noirs, avait planté des cacaoyers et des pieds de tabac havane, s'est

(1) Le Cameroun importe encore du tabac pour 250000 marks. Sous ce titre *Die Zukunft unserer Kolonie Kamerun*, la *D. Kol. Ztg.* a publié, en 1899 et 1900, une série de suppléments dus surtout à MM. Wohltmann et von Uslar. Ces auteurs espèrent que pour 1900 les exportations de cacao et de tabac dépasseront 1 million de marks et que vers 1950 Cameroun sera, pour ces denrées, l'égal des meilleures colonies portugaises, anglaises ou hollandaises.

transformée depuis en une grande société au capital de
1 200 000 marks, *Westafrikanische Pflanzunsgesellschaft
« Biboundi »*. Une autre vient de s'installer à Victoria, qui
engage des travailleurs balis. La *Kamerun-Hinterland Gesellschaft*, fondée en 1896 au capital modeste de 30 000
marks, a aujourd'hui 150 000 marks. Elle possède à l'embouchure de la Sannaga la station de Malimba et plus haut
celles d'Ediä et de d'Olgahöhe (1). Récemment, deux
grandes sociétés, *Nord-West* et *Süd-Kamerun* ont obtenu
d'immenses concessions : l'une un triangle limité au S.-O.
par une ligne tirée de la frontière anglaise à Balinga :
l'autre un quadrilatère limité par deux lignes allant de
Yaundé aux frontières Sud et Est. Entre le mont Kamerun
et le fleuve s'est installée la *Küstenplantagengesellschaft* (2).
A côté de sociétés secondaires, il convient de citer les
missions, qui possèdent presque toujours des plantations : les *Pallotiner* à Kribi (café). la mission bâloise. les
missions américaines.

Commerce intérieur et extérieur. — Excellente colonie à
plantations, Cameroun est loin d'être une colonie de
commerce idéale. Les diverses zones de production, pa-
rallèles et non perpendiculaires à la côte, sont d'une
pénétration difficile. même maintenant que la brèche est
ouverte dans la barrière des courtiers. La construction du
chemin de fer de Mundamé pourra, dans le nord, améliorer cette situation. Sur la côte sud. quelques factoreries ont commencé à organiser des caravanes (de huit ou
quinze jours de marche) qui vont échanger les denrées

(1) *D. K. Ztg.* 1899. n° 44.
(2) Voy. la carte de ces concessions dans le n° 45 de la *D. K. Ztg.* de 1899.

européennes contre l'ivoire et le caoutchouc : mais le prix
élevé des porteurs rend ces tentatives onéreuses. Le commandant du poste de Yaunde-Station a récemment obtenu

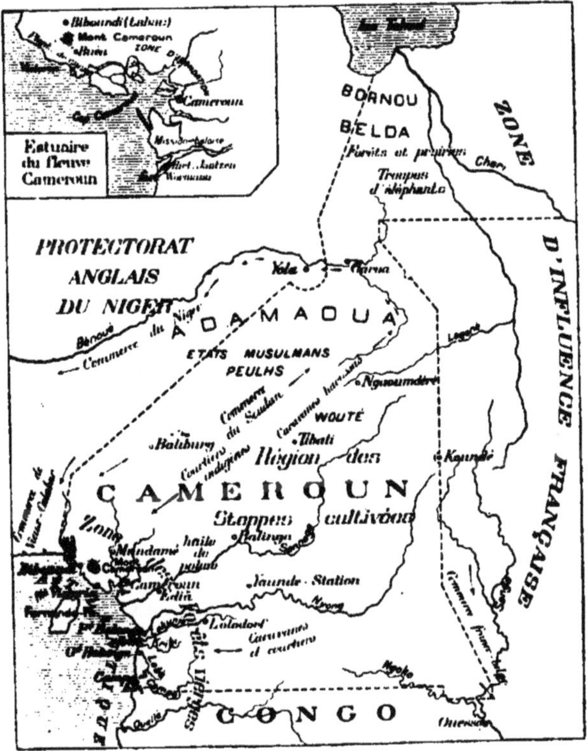

Cameroun.

des Yaundés qu'ils se missent eux-mêmes à organiser des
caravanes pour amener en droiture leur caoutchouc jus-

qu'à Kribi (1). Là serait peut-être la solution la plus avantageuse. Une autre condition défavorable au commerce est la mauvaise organisation du crédit : les noirs empruntent à terme illimité.

Mais le gros vice de la colonie, c'est qu'une partie seulement du territoire colonial ressort économiquement à Cameroun. Le pays des Balis est dans la sphère d'attraction de Vieux-Calabar. Les marchandises qui remontent l'estuaire du Campo ou celles qui s'embarquent sur le fleuve dans sa partie supérieure sont obligées de traverser la zone où ce fleuve a ses deux rives en terre française, et le plus souvent s'y arrêtent. Cette situation paraît à l'administration allemande assez grave pour l'amener à construire à grands frais une route qui, partant de Batanga (sans doute Grand-Batanga), rejoindrait le Campo, à un point où ce fleuve est exclusivement allemand (2).

(1) Quelques factoreries ont également établi des dépôts de marchandises à Yaundé.

(2) J'emprunte cette information au *Temps* du 25 mai 1899. Pour voir à quel point nous sommes mal renseignés en matière coloniale, même par nos journaux les plus sérieux, il suffit de lire cette note communiquée au *Temps* par son correspondant de Liverpool :

« Je reçois les informations particulières suivantes, datées de Cameroun, 3 avril :

« Les autorités allemandes de Cameroun, préoccupées de s'assurer le mouvement commercial qui s'écoule actuellement dans le Congo français par la rivière Campo, frontière nord du Congo français, construisent à grands frais une route carrossable entre Batanga et Bassa, tête de la rivière.

« Le commerce suivrait alors la route terrestre, de préférence à la route fluviale, celle-ci *(sic)* étant plus courte. Trois cents travailleurs indigènes sont employés à ce travail.

« La rivière Campo descend du mont Koul, vu par Crampel en décembre 1888, et par lequel passe la frontière franco-allemande. Elle s'éloigne vers l'ouest, opposée à la N'Goko qui, par l'est, gagne la Sangha. La Campo suit

Mais cette route de terre, qui nécessitera des porteurs ou
des charrois, pourra-t-elle être aussi rapide et aussi économique que la voie fluviale?

Quant à l'hinterland, il échappe presque absolument à
l'Allemagne. L'activité (politique, missionnaire, commerciale) de l'Allemagne est limitée à la côte. Sur 3 millions
à 3 millions 1/2 d'hommes que renferme la zone allemande, un demi-million tout au plus reconnaissent en
fait le protectorat impérial. Il n'existait récemment de
postes militaires, en dehors de Kamerun et de Buëa, qu'à
Ediä et Mpimi sur la Sannaga, à Lolodorf et Yaunde-Station (1). L'arrière-pays est tout entier dans le domaine
commercial des Haoussas, c'est-à-dire (par la Bénoué) de
la Compagnie du Niger. Autrefois, le *hulk*, ou le vaisseau-
bazar de la *Royal Niger C°* était ancré à Garrua, qui se

au sud le 2ᵉ parallèle nord, puis le coupe pour décrire une longue boucle
au nord de la limite entre le Congo français et le Cameroun, et se confond
de nouveau avec elle dans la partie inférieure de son cours.

« Batanga, ou plus exactement Petit-Batanga, est un établissement de la
côte au sud du confluent du Criby et du Lobé, par 2° 50′ de latitude nord
environ. »

Presque toutes ces affirmations sont erronées : 1° Klein-Batanga est situé au
nord des embouchures confluentes du Kribi et du Lobé, par plus de 3° N. C'est
Gross-Batanga qui se trouve dans la situation indiquée par le *Temps* ; 2° si
le cours inférieur du Campo se confondait avec la frontière franco-allemande,
les Allemands n'auraient que faire de construire une route pour nous faire
concurrence, ils n'auraient qu'à débarquer les marchandises sur la rive droite ;
la réalité est qu'un peu en amont (à une cinquantaine de kilomètres) des
deux postes rivaux de Campo, la rivière coule *tout entière*, rive droite et
rive gauche, sur territoire français, et cela sur près de 80 kilomètres. Bassa
ne figurant pas sur l'atlas de Langhans, je ne puis donner le tracé de la route
en construction.

(1) On vient d'en créer un près du confluent du Ngoko et de la Sanga, et
un autre à Ioko.

trouvait au point de croisement des routes à caravanes du Congo au Tchad. Mais, en cédant Garrua aux Allemands, les Anglais prirent soin de descendre leur *hulk* jusqu'à Yola (1), qu'ils se sont jalousement réservé, et par où s'écoule tout le commerce de l'Adamaoua (caoutchouc et ivoire). Aussi, dit un officier allemand qui a vu le pays il y a un an, « il n'y a à l'heure actuelle dans l'Adamaoua que des produits anglais » (2).

Les coloniaux allemands les plus optimistes constatent que, dans l'Adamaoua, la sécurité ne peut être établie que par la création de nombreuses stations militaires. L'intérieur est dévasté et dépeuplé par les incursions des tribus wouté et peulh. « Ces expéditions de brigandage venues du Nord, écrit le commandant Morgen, ont eu pour conséquence la décadence du commerce de l'ivoire, article si précieux qui faisait autrefois la richesse du Cameroun. Les routes qui mènent à la côte n'offrant aucune sécurité, les caravanes d'ivoire cherchent à rejoindre la mer par un long détour, gagnent la Bénoué où elles placent leurs marchandises dans des factoreries anglaises. Seule une partie minime des grandes quantités d'ivoire qu'on expédie de notre colonie est embarquée sur nos côtes ». Il réclame donc, en attendant les chemins de fer, de nouveaux postes pour protéger les routes à caravanes, en particulier la route Yaundé — Wouté — Tibati — Bango.

Au nord, c'est vers le Tchad que s'orientent les routes

---

(1) Et nous savons de reste ce que la puissante compagnie entendait par liberté de navigation.

(2) Rapport du capitaine von Kamptz dans le *Deutsch. Kolon. Blatt.* du 16 avril 1899.

commerciales, et cette région (Belda et Bornou), peuplée en partie d'Arabes et de Kanouris, est plutôt, malgré la distance, dans la sphère d'attraction de la Méditerranée (caravanes tripolitaines) que dans celle de la côte de Guinée. Or l'Allemagne, ne possédant qu'une des rives du Chari, ne s'ouvrant sur le Tchad que par une étroite bande marécageuse, ne saurait, même dans l'avenir, enlever le commerce de la cuvette tchadienne aux deux grandes puissances africaines, la France et l'Angleterre. Au sud-est, le trafic du Ngoko et de la Sanga est absorbé en totalité par le commerce franco-belge du bassin du Congo.

De puissants efforts — et sur lesquels il est bon d'attirer l'attention de la France — sont faits à cette heure pour améliorer la situation commerciale de l'Hinterland cameronien. Une société germano-belge (*Gesellschaft Süd Kamerun*), créée à Berlin, a obtenu dans le bassin de la Sanga (1) une concession de 8 millions d'hectares, avec droit d'administrer le pays pendant trois ans. Les lieutenants Carnap et von Stetten, avec 190 soldats, vont préparer le terrain, mais ils sont obligés de s'y rendre par le Congo et la Sanga.

D'autre part le capitaine von Kamptz en février-mars 1899 faisait une expédition dans le sud de l'Adamaoua (2). Il s'emparait de Tibati et obtenait la soumission du sultan de Ngaoumdéré. Il préconisait dès lors la création d'un poste à Ioko, poste qui « servirait à hâter les négociations avec les gens de Wouté », le grand État esclavagiste, boulevard méridional de l'Islam, qui barre

(1) Voy. plus haut, p. 25.
(2) Voy. ci-dessus, p. 31, note 1.

la route au commerce (1). A son avis « toute la colonie jusqu'au lac Tchad pourra être occupée sans grands frais ni peine », les indigènes étant démoralisés par le bruit des victoires anglaises au Soudan, qui s'est répandu jusque dans ces régions. Depuis qu'il écrivait ces lignes, on nous a annoncé que M. von Kamptz s'était emparé du pays des Wouté et de Tibati. On espérait en Allemagne que l'expédition pourrait proclamer le protectorat *effectif* de l'Allemagne sur la part de l'Adamaoua que lui ont dévolue les traités et atteindre le grand lac. Tout au moins le poste de Ioko est-il actuellement installé (2), mais l'expédition a été moins une prise de possession (3) qu'une simple promenade militaire, puisqu'après s'être emparé de Tibati, von Kamptz n'a pu s'y maintenir, mais a dû rétrograder sur Ioko.

Le lieutenant qui commande ce poste, où il y a une garnison de 120 hommes, a pu faire dans la région, en novembre dernier, un voyage au cours duquel « il a été traité partout, par les chefs des tribus, avec la plus grande prévenance ». Le rapport officiel présenté au Reichstag le 2 décembre dernier prétend que l'expédition de l'Adamaoua et les progrès faits au N.-O. et au S. ont quadruplé le territoire effectivement allemand.

Le commerce maritime se fait presque exclusivement par le port de Kamerun, où se trouve la résidence du représentant impérial (*Gouverneur für Guinea-Küste*), et quelque peu par ceux de Victoria, de Kribi, de Rio del Rey.

(1) *Temps* du 25 mai 1899, d'après le *Daily Mail*.
(2) *Quest. dipl. et col.*, 1900, p. 311.
(3) Article de Passarge dans le n° 32 de la *D. K. Ztg.* de 1899.

Il est principalement entre les mains de la *Wörmann Linie* de Hambourg (24 jours de route) et de deux compagnies anglaises, *African steamship Cy*, et *British and African steam navigation Cy*; chacune des trois compagnies a un service mensuel. En 1895, les ports du Cameroun ont reçu 81 vaisseaux, chargés de 93 000 tonnes ; la part du commerce allemand n'était encore que de 28 vaisseaux et 31 400 t. Donc l'Allemagne ne faisait pas encore un tiers de ce trafic : le reste est surtout la part de l'Angleterre. Un vapeur de l'État relie entre eux les divers points de la côte. Le commerce, comme les plantations, est entre les mains de quelques grandes sociétés, qui réunissent parfois les deux genres d'activité, comme la *Kamerun Kakao Gesellschaft* de Hambourg.

L'exportation, qui oscillait autour de 4 millions de marks dans ces dernières années (baisse en 96-97), est montée dans le dernier exercice (1897-98) à 5 millions 895 000 m. (1). La situation est donc prospère. « Le Cameroun, dit le commandant Morgen, est une des meilleures colonies allemandes en Afrique. Rien ne le prouve mieux que les résultats vraiment étonnants que nous avons obtenus grâce à une activité économique qui ne remonte guère cependant à plus de quinze ans » (2). On

(1) *Questions Diplom.* 15 janvier 1899, p. 123. *Deutsches Handels-archiv*, 1898, p. 111. *Moniteur officiel du commerce*, 5 mai 1898. Cet excellent recueil contient peu de renseignements sur les colonies allemandes, où nous avons peu ou point d'agents consulaires. Ce sera notre excuse pour avoir donné, dans ces études, un tel développement aux renseignements économiques. L'exportation pour 1899 est évaluée par le dernier rapport officiel à 5 145 800, dont : huiles et graines oléagineuses : 2 millions un quart ; gomme : près de 2 millions ; ivoire : 0,6.

(2) Cité par les *Quest. dipl. et col.* de 1899, t. III, p. 370.

évalue à 15 (8 allemandes et 7 anglaises) le nombre des
sociétés commerciales ou coloniales établies dans le pays,
à 5 millions de francs le capital engagé dans les dix principales plantations. Ces sociétés distribuent des dividendes
de 8 pour 100 environ.

L'importation, à la fois composée de denrées nécessaires
à la population européenne, civile et militaire, et d'objets
vendus aux indigènes, est supérieure à l'exportation :
5 660 000 contre 4 100 000 en 1895, 9 millions contre
5 895 000 en 1898, 10 638 900 contre 5 145 800 en 1899.
Elle se compose surtout des articles suivants : *textiles*
(vêtements tout faits et étoffes européennes), livrés surtout
par l'Angleterre (1) : jusqu'à présent l'industrie allemande
n'a pu fournir les sortes demandées par les indigènes (2),
mais il est probable que les usines saxonnes, avec leur
habileté à se plier aux exigences de la clientèle, ne tarde-
ront pas à s'emparer de ce marché, qui représente dès à
présent 1 million et demi de marks par an. *Spiritueux*, ici
comme ailleurs l'un des gros articles introduits en Afrique
par les nations dites civilisées (3) : rhum, genièvre, liqueurs
de fabrication allemande, plus quelques vins et cognacs
importés de France, mais ces derniers à l'usage de la
population européenne (4). *Armes à feu et munitions :* les

(1) Cotonnades.

(2) Le capitaine von Kamptz dit : « Pour Ngaoundéré et Banjo, nos commerçants devraient s'approvisionner *de meilleurs produits* pour abattre la
concurrence. Comme actuellement tout est vendu très cher ici, il y aurait
donc à retirer des avantages ».

(3) En dehors des spiritueux (1 million de marks), on importe une quantité égale de denrées alimentaires, céréales et autres. Voy. la note suivante.

(4) De même cette dernière importe une grande quantité de conserves, à
cause de la cherté de la viande. Nos maisons de Bordeaux pourraient trouver

marques allemandes et belges, mauvaises et bon marché,
l'emportent sur les marques anglaises et françaises. Parmi
les denrées alimentaires, il faut signaler le sel, qui vient
d'Allemagne, et le riz, réclamé par les travailleurs Krous ;
la verroterie vient de France, de Venise ou de Bohême ;
les pipes, très demandées, sont françaises (marque *self-
cleaner*). On voit donc que notre commerce avec le Cameroun pourrait prendre une certaine importance (nous
pourrions y importer des lampes à pétrole, de la bimbeloterie, des articles métalliques) et justifierait peut-être
l'établissement d'un agent consulaire. Les autres articles
sont la musique et l'horlogerie, les pétroles, les chaus-
sures, ombrelles et chapeaux, les allumettes. Cameroun
et Togo réunis vendent au seul port de Hambourg pour
5 millions de marks, et lui achètent pour 5 300 000 M.

La population blanche est peu nombreuse, comme il
est naturel dans un pays dont l'insalubrité l'emporte sur
celle du Togo. Elle ne dépassait guère il y a quelques
années 250 personnes, sur lesquelles il convient de dire que
la grande majorité (181) est allemande : il n'y avait que
31 Anglais, 19 Américains (missionnaires) et 13 Suédois-
Norvégiens (ce sont eux qui ont commencé à récolter le
caoutchouc). Il est juste aussi de constater que, réunis,
les fonctionnaires, missionnaires et religieuses ensei-
gnantes ne dépassent pas 83 personnes. Il reste donc un
effectif très satisfaisant pour la population coloniale proprement dite, formée surtout de commerçants (41), de

là un débouché pour leurs produits, à condition d'expédier des boîtes avec
étiquettes en allemand, comme le fait avec succès l'une d'elles en Allemagne
même.

contremaîtres (22 mécaniciens et charpentiers), de planteurs (c'est-à-dire de directeurs de plantations sur lesquelles le travail est fait par des noirs, Yaundés, Balis ou Crowmen, 21). En 1898, la population blanche s'élevait au chiffre de 324, dont 256 Allemands, mais nous en ignorons la composition détaillée.

Ces chiffres, joints à ceux que nous avons cités plus haut, donnent l'idée d'une colonie vivace. Le Cameroun ne peut évidemment détourner vers lui la plus minime partie du flot de l'émigration allemande (1), et il en sera sans doute encore de même quand l'intérieur sera réellement annexé. Mais, comme colonie de plantations, il a un très bel avenir ; il est appelé à devenir rapidement un des grands centres de production du cacao, et il produit l'une des meilleures qualités du monde. Il peut s'acquérir par là un véritable monopole, auquel il joindra, comme produits annexes, le café, les huiles, le caoutchouc et, pendant quelques années encore, l'ivoire. C'est assurément, à l'heure actuelle, la plus importante des possessions allemandes.

Mais, si la prospérité de la zone côtière ne saurait faire doute, il semble bien que l'hinterland de la colonie ne soit pour elle qu'un poids mort, sans relations faciles avec la côte (2), sans débouché réel, sans liaison possible avec les autres colonies allemandes. Il est orienté vers le Congo,

(1) On y comptait seulement 9 femmes mariées (sur 253 blancs !) et 3 enfants. N'oublions pas que la côte s'étend entre 2° et 4° et demi seulement de l'équateur.

(2) Nous avons vu que même les expéditions allemandes sont obligées de l'atteindre par le Niger-Bénoué (Passarge et von Uechtritz) ou par le Congo-Sanga (Carnap-Stetten).

vers le Niger, vers le Tchad et les routes du Sahara, nulle part vers le Cameroun. L'Allemagne, en se faisant donner les frontières bizarrement contournées de 93 et de 95, a obtenu une pure satisfaction d'amour-propre : elle a, elle aussi, une fenêtre sur le grand lac. Mais la possession de cette longue et étroite bande de terrain, qui la mène à plus de 1 000 kilomètres de la côte, ne lui confère aucun réel accroissement de puissance ou de richesse. Encore ne faut-il pas oublier que ce vaste territoire ne lui appartient que sur la carte ; il est habité par des États musulmans et esclavagistes, fortement constitués et bien fermés, et dont la valeur militaire n'est pas négligeable. Quand les congrès découpent sur la carte d'Afrique des millions de kilomètres carrés et les adjugent à une nation, leurs cadeaux rappellent un peu celui que fit à Hugues de Cotentin le vieil empereur Charlemagne :

« Hugues, dit-il, je suis aise de vous apprendre
Que Narbonne est à vous ; vous n'avez qu'à la prendre. »

32 officiers et sous-officiers européens, 454 noirs forment, en temps ordinaires, les troupes cameroniennes. Le budget colonial monte à 1 713 000 M., dont 730 (1) fournis par l'Empire. On trouve généralement cette subvention insuffisante, surtout comparée à celles de l'Afrique du Sud-Ouest et de l'Est. Dans une récente consultation sur l'avenir du Cameroun, on énumérait ainsi les problèmes essentiels et immédiats qui se posent pour la colonie : 1° la question des travailleurs ; 2° l'organisation

_____

(1) Au budget de 1900, ce chiffre sera de 1 182 000, et les recettes propres de la colonie sont évaluées à 1 182 000.

d'un système rationnel de routes ; 3° un chemin de fer pour les plantations du Nord ; 4° le développement des jardins d'essais ; 5° l'exploration scientifique de l'intérieur ; 6° la création d'un office de colonisation à Cameroun. De pareilles questions ne peuvent être résolues que par le budget de l'Empire.

III

AFRIQUE ALLEMANDE DU SUD-OUEST

(Deutsch-Süd-West-Afrika).

Nous arrivons maintenant à la première en date des colonies allemandes, mais non à la plus prospère, à celle que les Allemands eux-mêmes appellent leur « enfant de douleur », *Schmerzenskind*.

Aperçu géographique. — Ce n'est pas assurément l'exten- 'sion territoriale qui manque à cette colonie. Entre les établissements portugais de l'Angola, la colonie du Cap et les protectorats anglais du Betchouanaland et de la Zambezia, la zone allemande ne couvre pas moins de 830 960 kilomètres : c'est plus d'une fois et demie l'Allemagne. Mais, sur ce territoire immense, ne vivent que 200 000 habitants, soit une densité de 0,23, densité de désert. Et, en effet, si l'on jette un coup d'œil sur ces excellentes cartes de l'atlas colonial allemand de Langhans où la valeur économique des régions est indiquée par des teintes différentes, ce qui domine dans le *Süd-West-Afrika*, c'est la teinte désertique. Seulement on a le choix entre deux nuances, entre deux espèces de désert : désert de sable, désert pierreux.

La côte appartient naturellement à la première catégorie. De l'embouchure de la Counéné à celle du fleuve Orange, elle mesure 1 500 kilomètres, soit la distance de Berlin à Moscou. Longée par une mer basse que refroidit le courant de Benguella, c'est une côte plate, bordée de dunes qui ont de 15 à 30 kilomètres de large, de 30 à 150 mètres de hauteur, coupées seulement, de place en place, par les lits généralement à sec (1) des fleuves. Elle est peu abordable. Le Nord, à peu près inconnu, offre peut-être un point de débarquement à Angra Fria. Au centre, quelques baies sont formées par les pointes des dunes, baies peu profondes, vite ensablées : baie de la Croix (Kreuzbucht) et surtout Walfish-Bay. Assez bien protégée, cette dernière est située à un endroit où l'abaissement de la dune permet des relations relativement faciles avec l'intérieur ; inutile, par conséquent, de dire que les Anglais se la sont réservée (2). Un peu au Sud, les Allemands avaient essayé de créer un port rival à Sandfisch-Hafen : l'ensablement les en a chassés, et ils se sont installés au Nord du district anglais, à l'embouchure du Tsoachaub (Swakop des cartes anglaises). La côte méridionale n'a qu'un véritable port, cette *petite baie* (Angra Pequeña, aujourd'hui Lüderitzbucht) où commença la colonisation allemande. Elle est bordée de nombreuses îles à guano, qui sont anglaises. Toute la côte est riche en poissons et en phoques, même en baleines. L'eau douce est presque totalement absente : il faut souvent la faire venir du Cap ou s'en procurer au moyen des appa-

(1) Ou semés de flaques saumâtres.
(2) Et en ont fait un port franc.

reils de condensation (1). La basse température des eaux bordières et les vents frais du S.-E. donnent à la zone côtière un climat très tempéré, un peu brumeux, mais sans pluies. Il n'y a que 21 jours de pluie par an à Walfish-Bay, et il n'y tombe que 7 millimètres d'eau ; et il en tombe 44 à Angra Pequeña. La température moyenne ne dépasse pas 16 à 17°, soit 20° en mars et 14° en août.

Ces conditions persistent dans le désert de sable qui est presque complètement fermé par la dune. Les fleuves s'y perdent avant d'arriver à la mer, qu'ils n'atteignent qu'une fois en sept ou dix ans. Le pays est à peu près inhabité : dans le Sud, où cette zone sableuse s'élargit encore (Lüderitzland), apparaissent de rares villages boschimans. La flore est une flore de pays sec : plantes grasses qui se nourrissent des vapeurs de la mer, buissons épineux qui rendent le passage à peu près impraticable, mimosées, euphorbes, aloès, conifères désertiques, comme la *Wellwitschia mirabilis*, dont le tronc complètement enfoui dans le sable projette une tige de 4 mètres, avec deux feuilles coriacées que l'arbre ne perd jamais. Les seules plantes utilisables sont la *nara*, dont les haies épaisses, hautes d'un mètre et demi, donnent des courges comestibles et des graines oléagineuses, et l'acacia à gomme (2).

(1) Les tentatives de forage faites près de Tsoachaubmund n'ont donné que de l'eau saumâtre.

(2) On trouve également, dans le lit du Tsoachaub, un puissant figuier dont les fruits, frais ou séchés au soleil, servent à la nourriture des indigènes. Ed. Fleck : *Meine Reise in die Tsauchab (sic) schlucht* (voyage de 1891), avec carte et observations de Langhans, dans les *Mitteilungen* de 1899, p. 281.

Sorti du sable, on ne l'est pas encore du désert. On arrive sur un plateau assez élevé, qui atteint près de 12 à 1 300 mètres, et qui forme au nord la longue table pierreuse du Kaokoveld. Il est coupé par des gorges profondément encaissées dans le gneiss, véritables ouadis dont le lit desséché conserve quelque verdure.

Ce désert pierreux a moins d'extension au sud, où il est pénétré par un couloir longitudinal, appartenant à la troisième zone, la zone des prairies. Entre le désert pierreux et la steppe de Kalahari, c'est une haute plaine, sillonnée de hautes montagnes, un peu mieux arrosée que la région des côtes, et où les extrêmes de température peuvent atteindre + 45° et — 8°. Les fleuves ont un peu d'eau, il y a des sources à la base des montagnes. Dans les fonds, on trouve quelques flaques (*vleys*) ou même de véritables chotts (*salzpfannen*), couverts d'efflorescences salines : le plus important est le lac Etoscha. Quelques anciens lacs ont été transformés en sables désertiques. À la limite nord, dans l'Ovambo, on rencontre quelques oasis à cultures presque tropicales, où prédomine le palmier. Dans l'ensemble, les vallées sont gazonnées, quelquefois même boisées, le plateau est buissonneux et peut-être susceptible d'être transformé en prairies par des travaux d'irrigation (Damaraland). Dans le sud (Namaland), les argiles sont un peu plus favorables à la culture que les grès du Damara, et les buissons, cessant d'être épineux pour devenir assez nourrissants, peuvent être utilisés comme fourrages. Près de Lüderitzbucht, la prairie pénètre jusqu'à environ une trentaine de kilomètres de la côte.

La population, si peu nombreuse qu'elle soit, est très morcelée. Les peuplades peuvent se diviser en trois groupes principaux :

1° Les *Bergdamara*, peuple de langue hottentote, mais de race inconnue. Ils sont noir de charbon, et se nourrissent presque exclusivement de végétaux. Jusqu'à présent opprimés par les autres races, ils sont doux et travailleurs. Ils sont une trentaine de mille, en plusieurs groupes épars dans le Damaraland :

2° Au Nord, vivent des Bantous, nègres chocolat, parents de ceux de la Guinée : dans la zone tropicale, les Ovambos (53 000), agriculteurs sédentaires, ayant gardé la religion et les mœurs fétichistes : dans le Damara, les Hereros (le plus important de ces peuples au point de vue numérique, 100 000), éleveurs excellents, actifs et riches, avides et cruels :

3° Dans le Namaland, les Hottentots, de couleur claire et jaunâtre, divisés en chasseurs hardis, ou Boschimans (500 à peine) et en Namans, ou pasteurs (8 000). C'est un peuple en décadence, abruti par la paresse, la malpropreté et l'ivrognerie. La seule tribu un peu vivante est celle des montagnards Witboois, qui autrefois venaient piller régulièrement les prairies des Hereros.

La plupart des indigènes ont été protestantisés depuis 1840 par des missionnaires allemands *(Rheinische Missionsgesellschaft)* ; ils s'habillent de vêtements plus ou moins européens, et parlent le hollandais importé par les Boers du Cap. Il convient d'y ajouter 2 500 *Bastards* (1),

---

(1) Chiffre donné par Langhans. — K. Hassert (p. 175) dit 40 000, ce qui est manifestement exagéré.

métis nés des unions entre Boers et femmes hottentotes : c'est une population travailleuse et habile, douée de sérieuses qualités militaires. Ils vivent (surtout près de Rehoboth) comme ouvriers, conducteurs de chars, agriculteurs.

Prise de possession. — L'initiative individuelle a précédé ici l'intervention gouvernementale. Dès avril 1883, alors que le drapeau impérial ne flottait encore sur aucun point du monde hors d'Europe, le marchand brémois Adolf Lüderitz acheta, pour 200 fusils et 2 000 marks versés au roitelet du pays, Angra Pequeña et les déserts d'alentour. Il s'empressa de notifier son acquisition aux bureaux des affaires étrangères à Berlin, et sollicita la protection impériale. L'Angleterre, pressentie, réclama comme sa propriété Walfish-Bay et les îles à guano, et ajouta que la côte entre l'Orange et la Counéné était dans la sphère d'influence du Cap. Cela n'empêcha pas Bismarck — subitement converti à la cause de la colonisation — d'adresser au consul allemand de Capetown le retentissant télégramme du 25 avril 1884 ; il le chargeait de notifier aux autorités de la colonie que Lüderitz et le Lüderitzland étaient placés sous la protection impériale. C'est ainsi que fut fondée la première colonie allemande.

L'Angleterre, en enregistrant cette notification (juillet), força Lüderitz à abandonner, sur la côte Est de l'Afrique du Sud, la baie de Sainte-Lucie. Par l'occupation du Betchouana, elle ferma l'hinterland allemand qui fut arrêté (en 1885) au 20° E. de Greenwich.

Ainsi se trouvait exclu des possibilités de l'avenir tout projet d'union entre l'Afrique allemande et les Répu-

bliques boers, habitées elles aussi par des peuples de race
germanique (1). L'Angleterre a paré au danger, en enve-
loppant presque entièrement de territoires anglais
l'Orange et le Transvaal.

Lüderitz fut noyé au moment où il faisait des recherches minières pour le compte de la *Kolonialgesellschaft
für Süd-West-Afrika*. La découverte de quelques mines
d'or éveilla les convoitises des colons du Cap. Un aventurier, nommé Lewis, réussit, pendant quelque temps, à
tenir en échec le commissaire impérial, et, par le traité de
1890, les Allemands qui avaient rêvé un instant de s'étendre
vers le Ngami et le Zambèze, n'obtinrent qu'une mince
bande de terre le long du Tchobé, une « pointe de
crayon » qui atteint le Zambèze à un endroit où il n'est
pas navigable, dans une région insalubre.

Alors surgirent des difficultés intérieures, la révolte des
Hottentots d'Hendrik Witbooi, 600 montagnards bien
armés (par des contrebandiers anglais), bien montés,
ravageurs de prairies et voleurs de bestiaux. On finit,
après une rude campagne, à obtenir la soumission de
Hendrik, qui est resté fidèle. Depuis, la sécurité n'a guère
été troublée, quoique les forces militaires ne dépassent
pas 540 hommes répartis en une trentaine de postes. Il
n'y en a pas un seul au N. du 20° S., région où l'influence
allemande n'a pas pénétré (2).

Valeur économique du pays. — Que faire de ce vaste

(1) Les atlas allemands, avec cette fureur d'annexion qui caractérise les
cartographes d'outre-Rhin, se plaisent à confondre avec les Allemands proprement dits, les Hollandais, ou Bas-Allemands (*Niederdeutsche*).

(2) Voy. CAROW, *Die K. Schutztruppe von D.-S.-W.-A. unter Major
Leutwein*. Leipzig, 1898.

ensemble de déserts et de steppes? Autrefois, la pêche, la capture des phoques, la récolte du guano étaient les seules ressources du pays. Mais les îles à guano sont anglaises et même le seul dépôt important de la côte allemande, celui de Kreuzhuk, a été aliéné depuis dix ans

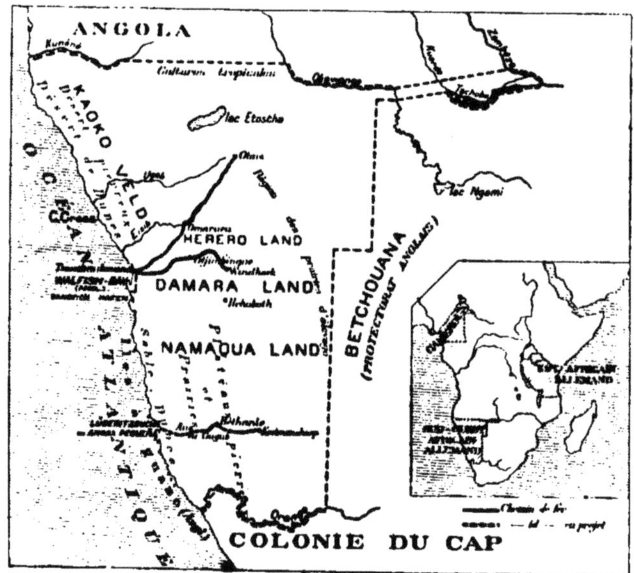

Afrique allemande du Sud-Ouest.

(avec le droit de capture des phoques sur la côte entre l'Eisib et l'Ugab), contre une rente annuelle de 10 000 marks, à une société anglaise sous un nom allemand (*Damaralandguanogesellschaf*), qui en tire 100 000 tonnes par an. La richesse du dépôt est évaluée à 30 millions de marks.

Pour tirer parti de l'intérieur, il faut d'abord percer la dune et la zone fermée à la colonisation. Or, les chars demandent, pour les conduire à travers les broussailles, de cinq à dix paires de bœufs dirigés par deux ou trois hommes, et très souvent les bêtes meurent en route, faute d'eau ou de nourriture. Aussi la rade de Tsoachaubmund, qui a été améliorée, va-t-elle être reliée par une voie ferrée à Gross-Windhoek, le chef-lieu de la colonie (1). Deux autres lignes sont projetées : l'une du Tsoachaub à Omaruru et aux mines de cuivre d'Otavi, qui n'ont pu être exploitées jusqu'à présent à cause de l'éloignement : l'autre, de Lüderitzbucht à Keetmanshoop (2). On a déjà établi des services réguliers de postes en chars sur certaines de ces routes.

La région de l'Ovambo se prête à la culture de la canne à sucre, du tabac, du coton, mais aucune de ces cultures ne saurait être rémunératrice en l'état actuel des communications. Dans le reste, la grande ressource est l'élevage, surtout l'élevage du bœuf. L'Afrique du Sud-Ouest se trouve hors du domaine de la mouche *tsetsé* : mais elle a eu beaucoup à souffrir de la peste bovine et les travaux du Dr Koch n'ont qu'imparfaitement réparé les désastres de 1891 et des années suivantes. Même en 1899, les suites de ce fléau se faisaient encore sentir. En raison de la sécheresse, l'élevage ne peut encore être pratiqué que de façon extensive : on calcule que, dans le Damaraland, il

(1) En août 1899, l'infrastructure atteignait le kilomètre 132, le rail le kilomètre 111. Le trafic des voyageurs et marchandises (rapport officiel) atteint Jakalswater, à 98 k. 5.

(2) On préconise également la création de points d'eau sur les routes à chars.

faut à un troupeau de 1 ooo têtes des espaces de prairies variant de 10 à 5o ooo hectares.

Cette situation changerait évidemment si l'on se décidait à aller chercher l'eau où elle se trouve, dans les flancs des montagnes et sous le lit des fleuves taris. Un architecte du gouvernement, assisté d'un fonctionnaire du ministère de l'agriculture du Cap, a fait, en 1896, un voyage à travers la colonie pour étudier les questions d'irrigation, au nom d'un « syndicat d'irrigation » (*Syndikat für Bewœsserungsanlagen in D.-S.-W.-A.*) Des observations recueillies par la mission, il résulte qu'il serait possible d'établir des barrages-réservoirs dans le lit des fleuves, d'utiliser les sources pour l'irrigation, de forer des puits artésiens. Presque tous les « fleuves » sont des nappes d'eaux souterraines, à quelques pieds au-dessous du sol, reposant sur la roche. Quelquefois de simples pompes, mues par le vent, suffiraient. Ces mesures augmenteraient certainement l'effectif des bêtes à cornes. Actuellement on n'en compte que 3 à 4oo ooo, et environ 3 millions de petit bétail, chèvres et moutons à grosse queue. Dans le Herero, les moutons laissent toute leur laine aux buissons épineux : les toisons sont plus belles dans le Nama.

Le sol alluvial des lits fluviaux est souvent propice à la culture en jardins. Presque toutes les stations de missionnaires ont leurs jardins, où poussent le figuier, le bananier, le citronnier, l'oranger, la vigne (1), presque tous les fruits d'Europe, et nos céréales Les essais sont faits à

(1) Mais elle ne peut donner les mêmes produits que celle du Cap, parce que les pluies ont lieu l'été, au moment de la maturation, et font souvent couler le raisin.

la station agricole de Gubub, située dans une des prairies les plus voisines de la côte, près de Lüderitz. Ce sont surtout ces cultures que développerait l'irrigation, et qui permettraient au pays de nourrir ses habitants. L'étendue du sol cultivable est trop restreinte pour qu'on puisse pratiquer jamais l'exportation des céréales, mais on arrivera peut-être à supprimer l'importation des denrées alimentaires, qui dépasse aujourd'hui 5 millions de francs (1).

Au point de vue des richesses minérales, on s'était fait, au moment de l'occupation, de grandes illusions. Il y a, assurément, de l'or, du cuivre, du plomb, du bismuth. Mais les sables et quartz aurifères de Tsoachaubmund sont peu exploitables et d'une trop faible teneur. Les autres mines sont loin et ne seront rémunératrices que le jour où le chemin de fer, économisant de nombreuses têtes de bestiaux, abaissera le prix de la vie à l'intérieur en même temps que le prix des transports.

Grande ou petite colonisation? — Immigration. — Contrairement aux colonies ci-devant étudiées, l'Afrique du Sud-Ouest est considérée par les Allemands comme une colonie de peuplement (*Siedelungskolonie*). Le climat n'en est pas défavorable à l'Européen : on n'y trouve pas cette tiédeur constante qui, dans les régions tropicales, énerve les organismes ; dans l'intérieur, les nuits sont froides,

(1) Voy. Th. REHBOCK : *Deutsch-Süd-West-Afrika. Seine wirtschaftliche Erschliessung unter Berücksichtigung der Nutzbarmachung des Wassers.* Berlin, Reimer, 1898, et surtout WATERMEYER : *D.-S.-W.-A. Seine landwirtschaftliche Verhältnisse,* ibid. — Un projet formé par la Compagnie du Sud-Ouest-Africain allemand, pour établir un grand abattoir à Walfish-Bay a échoué. Voy. les souvenirs du boucher allemand Emil DONAT. *Kreuz und quer durch Süd-Afrika,* Aarau, 1898, in-8.

et il y a un hiver : les épidémies sont rares, et les fièvres malariennes ne font guère leur apparition que dans l'Ovambo. Mais il ne suffit pas qu'un pays ne soit pas malsain pour attirer les colons, il faut encore qu'il produise quelque chose. Or le Süd-West-Afrika souffre terriblement du manque d'eau, et il faut des capitaux considérables pour transformer le pays.

Aussi a-t-on cherché jusqu'à présent à y faire exclusivement de la grande colonisation, par l'intermédiaire de compagnies concessionnaires. On croyait ces compagnies capables de faire les travaux indispensables d'aménagement du sol et des eaux, et d'installer dans le pays quelques milliers de paysans allemands, fermiers dans la prairie, jardiniers et maraîchers le long des fleuves (1). La *Deutsche Kolonialgesellschaft*, l'héritière de Lüderitz, reçut une concession immense : du fleuve Orange (2) jusqu'à Kreuzhuk, elle occupe une zone de 150 kilomètres de largeur moyenne, plus la vallée du Tsoachaub et la région relativement fertile d'Otijmbigue et de Windhoek. En réalité, elle a peu fait jusqu'à présent pour l'exploitation de ce vaste domaine. La *Siedelungsgesellschaft für D.-S.-W.-A.* poursuit l'établissement d'émigrants à Windhoek (3) ; elle est soutenue par la *Wörmannlinie*, qui

____

(1) On a introduit avec succès le cactus. Mais cette plante se répand partout avec une rapidité dangereuse, et il faudra peut-être, comme au Cap, faire de grands efforts pour l'extirper.

(2) Voy. Th. Rennock, *Bilder vom Deutschen Ufer des Oranjeflusses* (supplém. au nº 39 de la *D. K. Ztg.*).

(3) K. Dove. *Deutsch-S.-W.-A.* dans *Petermanns, Ergänzungsh.* 1896. Voy. les cartes des concessions dans le nº 2 de 1900 de la *D. K. Ztg.* ; on y notera leur développement depuis 1886.

débarque les émigrants à Tsoachaubmund. En dépit de son triple titre de société foncière, minière et commerciale, la *Société hanséatique* ne fait que le commerce, bien qu'elle possède des périmètres miniers à Rehoboth. La *Kaokolandundminengesellschaft* (capital 10 millions de marks) s'est fait adjuger tout le nord du Kaokoveld jusqu'au Counéné. La *Damara und Namaqualandgesellschaft* a des établissements purement commerciaux à Tsoachaub.

A côté de ces cinq compagnies allemandes, il faut en citer trois anglaises (sans compter la compagnie du guano) : *South-West African Cy* (capital 10 millions de M.) : elle possède les mines de cuivre et de plomb d'Otavi qu'elle projette de relier au Tsoachaub par un chemin de fer ; dans le Damaraland (à Omaruru), elle a établi une petite colonie d'agriculteurs boers. *South African territories limited* (même capital) : elle a des mines et des colonies boers dans le Sud-Est, et la concession du chemin de fer de Lüderitz à Keetmanshoop. *Anglo-German territories ltl* au N. du fleuve Orange.

Ces grandes compagnies, dont les concessions couvrent 50 pour 100 environ du territoire colonisable, ont fait en réalité très peu pour favoriser l'émigration. Leur rôle, à ce point de vue, a consisté à attirer quelques éleveurs boers, et à établir comme travailleurs dans les fermes les soldats du protectorat après leur libération. On a songé

Le siège du *Landeshauptmann*, Gross-Windhoek, n'a guère qu'une importance commerciale. Les agriculteurs sont à Klein-Windhoek. Conformément à la prononciation hollandaise (*oe* = ou) les Allemands écrivent souvent aujourd'hui Windhuk.

aussi à essayer de la colonisation pénale, mais la question de la déportation n'est pas mûre en Allemagne ; les résultats obtenus par la France en Guyane et même en Nouvelle-Calédonie, ne sont pas très encourageants, et la colonie du Cap protesterait évidemment contre l'établissement des forçats dans son voisinage. Bref, la tentative faite pour transformer la région en colonie de peuplement a peu réussi jusqu'à présent. On fait valoir que les blancs, de 539 qu'ils étaient en 1891, sont montés en 1897 au chiffre de 2 628 ; mais c'est une population de fonctionnaires, dont un 9ᵉ seulement se compose de marchands, fermiers, artisans. Dans ce chiffre de 2 628, on fait entrer en ligne de compte les soldats blancs du corps d'occupation. Il y a un millier d'Allemands (1), 250 Anglais, le reste se compose de Boers venus des deux États libres ou du Cap. Les Européens habitent presque exclusivement à Gross et Klein-Windhoek, à Keetmanshoop, Otijmbigue, Kreuzhuk, Omaruru ; seuls les Boers qui viennent du Transvaal ou du Cap se répandent dans des fermes isolées. Habitué comme il l'est à la vie des steppes sud-africaines, cet élément pourrait rendre les plus grands services. Tandis que les Allemands, y compris les troupes et les employés, ne sont que 1 879, les Boers sont 637, soit 22 pour 100 de la population blanche (il y a 278 Anglais du Cap).

(1) La colonie « manque de femmes », du moins de femmes allemandes, ce qui est grave au point de vue de l'avenir, car on ne peut créer une colonie exclusivement avec l'élément métis. Mais la *Deutsche Kolonial Zeitung* du 9 novembre dernier annonce que 17 jeunes filles, sous la direction d'une mère de famille, sont parties récemment de Hambourg ! Deux d'entre elles étaient même fiancées avant de s'embarquer.

C'est le seul élément chez lequel le rapport des femmes et des enfants à la population mâle adulte soit élevé, c'est-à-dire l'élément colonisateur par excellence. « Les Boers forment donc, dit Paul Langhans (*Buren in D.-S.-W.-A.*, dans les Mitteilungen, 1900, n° 46), même dans l'Afrique allemande, la population blanche proprement attachée au sol. » On les trouve surtout dans le Gross-Namaland (plus de la moitié), autour de Keetmanshoop et de Gibéon, et aussi à Otijmbigue. Leur grand mouvement d'immigration a commencé vers 1896 : il est à remarquer qu'ils étaient plus nombreux (769) alors qu'aujourd'hui. Beaucoup d'entre eux, peu satisfaits des conditions d'existence, surtout des conditions politiques de la colonie, l'ont abandonnée après être venus s'y fixer.

Le gouvernement impérial ne voit pas, en effet, l'immigration des Boers d'un très bon œil et refuse de leur affermer de trop grandes étendues de prairies.. On craint que leur esprit d'indépendance se plie mal à la morgue et au formalisme de la bureaucratie allemande. Cependant ils ont fait le coup de feu à côté des troupes du protectorat pendant la guerre des Witboois. Les événements dont l'Afrique du Sud est aujourd'hui le théâtre détermineront peut-être un nouveau *trekk* à destination et au bénéfice des territoires allemands.

D'après les dernières études (1), il y aurait place, dans

(1) Voyez les ouvrages cités de Rehbock et Watermeyer. Le major Leutwein, landeshauptmann actuel, dans son *Deutsch-Süd-West-Afrika*, préconise l'installation de gros fermiers allemands, afrikanders et boers, à 10 ou 15 000 marks de capital. Comme petits fermiers et ouvriers, il demande

certaines régions, pour la petite colonisation, au moins pour les colons disposant d'un capital de 10 à 15 000 marks. Il faudrait que l'État déterminât le courant d'immigration, car il ne s'établit pas de lui-même. Il faudrait surtout qu'il réglât la question de l'eau sous ses deux formes : 1° utilisation des eaux souterraines : 2° création de barrages pour retenir les eaux de pluies. Il devrait, comme l'ont fait les autres États sud-africains, se charger des grands travaux (ici pourrait intervenir la colonisation pénale) et ensuite vendre ou affermer à de petits propriétaires les terres d'irrigation. Il pourrait également prêter aux fermiers contre redevance ses propres appareils de forage, comme l'État du Cap l'a fait avec succès au Karrou, et consentir des prêts hypothécaires aux fermiers qui voudraient faire de petits travaux d'hydraulique agricole. Par ces moyens, l'agriculture proprement dite pourrait, à côté de l'élevage, donner quelques résultats, au moins dans le centre du Herero et dans le Nama (1). Un certain mouvement se manifeste parmi les colons. Ils ont fondé en 1898 une société d'économie agricole (*Landwirtschaftliches Verein für D.-S.-W.-A.*) ; ils ont un journal, qui paraît à Windhoek, le *Windhuker Anzeiger*. Ils ont commencé en 1899, à la suite de pluies relativement abondantes, à créer des barrages-réservoirs dans les vallées.

Commerce. — Actuellement, le commerce est ce qu'il

exclusivement des Allemands, en particulier les soldats du corps d'occupation. Il ne veut pas de Boers pour la petite colonisation, surtout des Boers nomades, qui sont, dit-il, « turbulents et ennemis des lois ». Il réclame aussi des jeunes filles allemandes.

(1) Le district de Béthanie paraît le plus propre à la culture des céréales.

peut être dans une colonie pauvre, à population rare et
qui produit peu. L'importation (les seules denrées alimentaires atteignent 4 millions de M. pour une population
blanche de moins de 3 000 personnes) serait presque nulle
si l'Allemagne retirait ses soldats et ses fonctionnaires (1).
L'exportation se compose en partie des produits de l'élevage. 6 000 têtes de gros bétail et 10 000 de petit s'ache-
minent par terre vers les colonies voisines ; par mer on
exporte également, à destination du Cap, des troupeaux
qui, en 1892, ont atteint exceptionnellement (en raison
de la peste qui venait d'éclater au Cap) le même effectif,
soit une valeur de 750 000 M. : cette exportation par mer
sera certainement accrue par le chemin de fer de Windhoek à Tsoachaubmund, de même que l'exportation des
peaux de bœuf et des cuirs, des laines (1 000 marks seulement), des cornes. Il faut y ajouter quelques quantités
d'ivoire, les peaux de phoques et les plumes d'autruche :
l'élevage en grand de l'autruche pourrait être tenté. Mais
la grosse exportation est le guano. C'est surtout le guano

(1) Je ne saurais m'expliquer les chiffres donnés par M. Kurt Hassert,
d'après des statistiques officielles, dit-il, (p. 270), soit 123 000 M. pour
l'exportation et 1 881 000 (15 fois plus) pour l'importation. L'auteur lui-
même fait observer que ces chiffres ne tiennent aucun compte du commerce
par terre. Mais même avec cette réserve, ils sont au-dessous de la vérité.
Voyez sur les questions commerciales G. Aubert, *L'Afrique du Sud*, in-8,
Paris, 1898. La *Deutsche Kolonial Zeitung* (1899, n° 43) donne les chiffres
suivants pour 1898-99 (confirmés par le rapport officiel du 2 décembre dernier) :
Exportation : 915 700 ; importation : 5 868 200.
Les chiffres étaient pour 1897-98 de 1 246 700 et 4 887 300. La baisse de
l'exportation dans le dernier exercice s'explique par les tempêtes qui ont
régné sur la côte et qui ont empêché la récolte du guano, principal article
(à peu près la moitié) de l'exportation.

qui arrive à Hambourg. Ce port ne recevait en 1894, de Tsoachaub, que pour 2 000 M. de marchandises; ce chiffre est monté à 177 000 en 1898.

Le commerce se fait exclusivement par le port de Tsoachaubmund, relié à Hambourg tous les deux mois et au Cap mensuellement. Ces services touchent à Walfish-Bay et à Lüderitzbucht.

L'Afrique du Sud-Ouest est de beaucoup la moins prospère des colonies allemandes, quoique le chiffre de sa population blanche dépasse le total des autres colonies. Tout au plus peut-on dire que — à la réserve des déserts côtiers — le sol n'y est pas pire que dans les régions intérieures de la Cape Colony, qui ont été transformées par les Boers en prairies d'élevage et en terres cultivées. Mais ce serait folie de croire que, parmi les émigrants qui s'embarquent en foule à Hambourg et à Brême, quelques dizaines de mille vont cesser de se diriger sur New-York pour aller gagner l'embouchure du Tsoachaub. La colonie coûte à l'Empire près de 7 millions de marks (1); ses recettes propres n'étaient l'an dernier que de 570 000. Les troupes allemandes comprennent 193 officiers et sous-officiers et 568 hommes; nous n'avons pas les chiffres des troupes indigènes.

Diffusion des Allemands dans l'Afrique du Sud. — Hors du territoire du protectorat, les Allemands ont formé, dans l'Afrique du Sud, un certain nombre de colonies spontanées. Au Transvaal et dans l'État libre d'Orange, ils jouent

______

(1) 7 181 300 (en augm. de 272 000) au budget de 1900. Les recettes propres de la colonie sont évaluées à 993 000 M.

un rôle important (1). Des paroisses allemandes existent à Prétoria (un journal allemand), à Johannesburg (deux journaux), Lydenburg, Middelburg, Lüneburg, Bergen (près du Souaziland), Vrijheid (un journal), Blœmfontein, Winburg, Smithfield, des missions allemandes dans un très grand nombre de localités. « On évalue à 100 millions de marks le capital des maisons (allemandes) de banque et de commerce établies dans la République Sud-Africaine et à 800 millions de marks environ la participation des Allemands dans les entreprises minières » (2). On les trouve en grand nombre dans les principales villes de la Cape Colony. Dans la Cafrerie, près d'East-London, s'élèvent les villages allemands de Stutterheim, Berlin, Charlottenburg, Potsdam, Hannover, Braunschweig, Frankfurt, Wiesbaden. Dans le Natal (Pietermaritzburg a son église et son journal), deux sociétés évangéliques, *Berliner et Hermannsburger Mission*, ont établi des paroisses allemandes dans 7 ou 8 colonies, dont les noms sont également caractéristiques : Neu-Hermannsburg avec un séminaire de prêtres enseignants, Marburg, Neu-Deutschland près de Durban, Neu-Hannover, Müden, Neuenkirchen, Kirchdorf. Les mêmes missions agissent dans l'Orange et le Transvaal. Sur la frontière est de cet État, au nord du chemin de fer de Delagoa, s'étend la possession d'une société de Chemnitz

---

(1) Voy. Langhans *Alldeutscher Atlas*, Gotha, 1900, carte 5. Représentent-ils une proportion considérable de la population des républiques ? Cela est difficile à dire, les cartes allemandes établissant volontairement une confusion entre les divers groupes parlant des idiomes germaniques.

(2) Voy. *Quest. dipl. et col.* 1900, p. 564.

(*Kolonialgesellschaft für Süd-Afrika*). On trouve même les Allemands dans le West-Griqua et le British Betchuanaland. Ils sont à Kimberley et à Beaconsfield. Le commerce de Hambourg avec le Cap est considérable. Le grand port allemand a reçu du Cap en 1892 pour 7 800 000 M., pour 10 millions en 1896 (coton brut et filé, fleurs, vins) : il y a envoyé pour 8 millions et demi en 1892, chiffre qui est passé à près de 23 millions en 1896 (dynamite, armes et munitions, machines). A l'importation, les conditions ne sont pas encore aussi favorables. Sur un total de 470 millions de marks qui représentait en 1898 le total de l'importation européenne au Cap, au Natal, à Lourenço et à Béira, l'Allemagne n'était encore représentée que par 20 millions, l'Angleterre par 300, les États-Unis par 56. Mais déjà il y a dans la Cape Colony 36 maisons allemandes dont le capital est de 12 millions de marks. Dans les exploitations minières du Witwatersrand, les machines d'origine allemande et les ingénieurs allemands commencent à disputer la place aux machines et ingénieurs américains.

Aussi les Allemands sont-ils nombreux à Lourenço-Marquès, c'est surtout par une ligne allemande la *Deutsch Ost-Afrika Linie*, que les ports portugais du Moçambique sont mis en relations avec l'Europe. Par cette importance des intérêts allemands dans l'Afrique australe s'explique la sollicitude que le gouvernement impérial témoigne à la baie de Delagoa. Tantôt il semble vouloir défendre contre l'Angleterre la neutralité de cette porte du continent, tantôt il paraît vouloir s'arranger avec l'Angleterre pour avoir part aux bénéfices d'une défaite possible du Trans-

vaal et même pour partager avec elle les colonies portugaises.

Quoi qu'il en soit, un grand avenir paraît réservé aux
Allemands dans l'Afrique du Sud. Mais cet avenir a des
chances de se réaliser ailleurs que dans le pays où flotte
actuellement le pavillon impérial.

Il est peu probable que même les Allemands qui se
rendent dans les diverses colonies sud-africaines aillent
désormais peupler les contrées deshéritées que Lüderitz a
données à sa patrie.

IV

EST-AFRICAIN ALLEMAND

Deutsch-Ost-Afrika.

L'étendue et les limites des établissements allemands
de l'Est-Africain ont tant de fois varié depuis 1884, qu'il
nous a paru impossible d'adopter pour cette colonie la
méthode suivie jusqu'ici, et préférable d'en raconter l'histoire avant de la décrire.

Prise de possession. — Plus encore que l'Afrique du Sud-
Ouest, l'Est-Africain allemand est une création de l'initiative individuelle. Dès 1840, le commerce allemand
jouait un grand rôle dans les États du sultan de Zanzibar :
en 1874, il atteignait le triple du commerce anglais, et le
sultan recherchait le protectorat allemand (la convention
anglo-française de 1862 s'opposait à l'établissement de
ce protectorat). En avril 1884, un jeune homme de
27 ans à qui un séjour en Angleterre avait révélé le secret
de la puissance britannique, Karl Peters, fonda à Berlin
la *Société pour la colonisation allemande*, la première
société de ce genre créée en Allemagne, et prépara en
silence l'acquisition de territoires est-africains. Ses trois
compagnons et lui partirent mystérieusement, sous de
faux noms, vers Zanzibar et de là dans l'intérieur. Ils

lisaient aux chefs indigènes un texte allemand que ceux-ci ratifiaient sans le comprendre, leur offraient un grog, une jaquette de hussard rouge, un drapeau allemand, tiraient des feux de salve... et déclaraient le pays placé sous le protectorat allemand. C'est ainsi qu'en six semaines, ils signèrent 12 traités, et acquirent un territoire de 140 000 kilomètres (Ousagara, Ouseguha, Oukami, Ngourou). Les quatre *conquistadores* tombèrent malades, l'un d'eux mourut, mais Peters rentra à Berlin et obtint une lettre impériale de protection pour sa société et ses territoires.

Cependant l'Ousagara n'avait pas de libre accès à la côte, placée tout entière sous le gouvernement du sultan. Les Anglais avaient éveillé l'attention de celui-ci sur les agissements d'un autre groupe allemand, les frères Denhardt, qui venaient de signer un traité de commerce et de protectorat avec le sultan de Vitou (1) : un navire de guerre avait appuyé leur action. Le sultan de Zanzibar ayant envoyé des troupes à Vitou et dans l'Ousagara, une escadre impériale de 8 navires parut devant l'île, et les Anglais eux-mêmes conseillèrent au sultan de céder. A cette aventure, la *Société de l'Est-Africain allemand* (2) (*Deutsch Ostafrikanische Gesellschaft*, avatar de la société Peters) gagna un point de sortie sur la côte. le port de Dar-es-Salam. Le reste du littoral fut laissé à Zanzibar par l'arrangement anglo-allemand du 29 octobre 1886. Mais en 1888, le sultan afferma cette bande littorale à la Société, avec la perception des douanes.

(1) La zone d'influence allemande s'étendait alors jusqu'au Djouba, limite actuelle des possessions anglaises et italiennes.

(2) Fondée en février 1885.

La brutalité des agents de la société, ignorants des
mœurs du pays, le mécontentement des Arabes, gênés
dans leur contrebande et leur commerce d'esclaves, la
rancune des Hindous, qui avaient antérieurement la ferme
des douanes, amenèrent un soulèvement général (1). La
société, qui avait l'autorité régalienne, et qui hissait son
drapeau (blanc, à croix noire ; l'angle supérieur gauche
rouge, semé de cinq étoiles) à côté de celui de Zanzibar,
n'avait d'autre force armée que les troupes du sultan.
En quelques jours, tout le pays (sauf Bagamoyo et Dar-es-
Salam, que protégeait l'escadre) fut au mains du chef de la
révolte, Bouchiri-ben-Salim. Il fallut un blocus commun de l'Angleterre, du Portugal et de l'Allemagne, et
une expédition conduite par von Wissmann, avec des
Soudanais, des Zoulous et les compagnies de débarquement, pour réprimer la révolte.

En raison de ces difficultés, le traité anglo-allemand
du 1ᵉʳ juillet 1890 ne fut qu'à moitié favorable à
l'Allemagne. Elle conserva tout l'espace qui va de l'Océan
aux lacs. Au Sud, la Rovouma continua à la séparer du
Portugal (2), les deux rives de l'embouchure restant
allemandes ; le sultan lui vendit la portion méridionale de
la côte pour 4 millions de marks. Mais, au Nord, il fallut
s'arrêter au Kilimandjaro, abandonner à l'Angleterre le
riche territoire de l'Ouganda, et sacrifier le sultanat de

(1) Qui n'eut d'abord aucun caractère religieux. Les missions ne furent
attaquées que plus tard.

(2) La frontière atteint la mer au cap Delgado. Le traité, signé le 3o décembre 1886, a été confirmé en décembre 1896. Il y a un certain mouvement d'immigration du territoire portugais vers le cercle allemand de Lindi-
Mikindani.

HAUSER.   5

Vitou (1), évacuer la côte des Somali. Le grand centre commercial Zanzibar, de même que Pemba, passa sous le protectorat anglais (2); seule, la plus méridionale des trois îles, Mafia devint allemande. Stanley caractérisa ce traité en disant que l'Allemagne troquait « un pantalon neuf contre un vieux bouton de culotte ».

Cette tentative pour créer une colonie par le vieux système des compagnies souveraines n'avait pas été heureuse. La Deutsch-Ost-Afrika devint *Reichskolonie* ; une rente de 600000 marks indemnisa la Société de la perte de ses droits régaliens, et elle se renferma dès lors dans son rôle purement économique. Le gouvernement impérial assumait de graves responsabilités internationales dans l'œuvre de la répression de l'esclavage : Emin-Pacha fonda Boukoba sur le lac Victoria, Wissmann lança un vapeur sur le Nyassa. Puis l'histoire de la colonie ressembla à celle de plus d'une colonie européenne : elle vit arriver une armée de fonctionnaires, elle vit disséminer le corps d'occupation en petits postes trop nombreux et trop faibles ; elle connut les révoltes sanglantes, les répressions coûteuses et maladroites, les perpétuels changements de système. Après un gouverneur civil prématurément « bürcaukratisch », elle eut un gouverneur militaire trop « militärisch ». Il fallut rappeler en Afrique

---

(1) L'assassinat de quelques Allemands a servi à l'Angleterre de prétexte pour déposer le sultan. Elle n'a pas encore payé l'indemnité stipulée en faveur des Denhardt et de la *Wituland-Gesellschaft*.

(2) Cette violation de la convention de 1862 eut pour contre-partie la reconnaissance de nos droits sur Madagascar. A ce traité se rattache également la cession de Helgoland à l'Allemagne. Par la convention de novembre 1899, l'Allemagne a renoncé aux droits de capitulations qu'elle avait à Zanzibar.

Wissmann qui, en 1895, pacifia à peu près le Sud-Est, jusque-là ravagé par les Ouahéhé, et prit d'excellentes mesures pour réformer la propriété et protéger les indigènes contre l'usure hindoue. Il y eut encore quelques révoltes sous ses successeurs, mais la période des soulèvements peut être considérée comme close (1).

Aperçu géographique (2). — Tel que l'ont délimité les stipulations de 1890, l'Est-Africain allemand, enfermé entre le British-East-Africa, le nouveau Soudan égyptien, l'État du Congo, le British-Central-Africa et le Moçambique, mesure plus de 900 000 kilomètres carrés (3). Il s'étend dans la région des grandes failles qui coupe, du sud-ouest au nord-est, la partie orientale du plateau africain, et dont les lignes sont indiquées tantôt par des soulèvements volcaniques (Kilimandjaro, Mérou), tantôt par de profondes dépressions lacustres, telles que le Nyassa ou le Tanganika.

La côte (ou *mrima*), défendue par trois grandes îles, est longue de 750 milles entre l'embouchure de l'Oumba et le cap Delgado. C'est une plage basse, bordée de récifs de coraux derrière lesquels s'étendent des lagunes ombragées de cocotiers. Les coraux y rendent la navigation

(1) On lit pourtant dans le *Temps* du 4 mars 1900 :

Un soulèvement vient de se produire à l'intérieur des colonies allemandes de l'Afrique orientale.

Une tribu indigène, la tribu des Arasha, s'est révoltée, dans le district du Kilimandjaro, contre les autorités locales et cherche à entraîner toute la région dans une rébellion armée. Une colonne, à la tête de laquelle se trouve le capitaine allemand Johannès, a été envoyée en toute hâte de la côte pour mettre à la raison les révoltés.

(2) PETERS. *Das Deutsch Ostafrikanische Schutzgebiet*, 1895.

(3) Langhans 941 000, K. Hassert 995 000.

difficile, sauf aux embouchures des fleuves, où se trouvent des ports nombreux, bien protégés, ouverts par un large chenal. Tanga, au fond d'une baie accessible aux navires de guerre, est la tête de ligne des caravanes vers le Kilimandjaro et le lac Victoria (4 000 habitants). Pangani, quoique encombré par les coraux, joue cependant un rôle assez actif à cause du voisinage immédiat de Zanzibar ; Saadani était, à cet égard, encore mieux placé, mais la mer y est trop peu profonde. Bagamoyo, qui n'a pas de port, a cependant 13 000 habitants parce que c'est le point de départ des caravanes qui, par Mpapoua et Tabora gagnent Mouansa sur le Victoria, Oudjidji et Karéma sur le Tanganika. Le port le plus important est Dar-es-Salam (13 000 h.) ancrage très sûr et très vaste, défendu par une passe étroite : c'est là que réside le gouverneur de la colonie.

Les ports du Sud, Kiloa, Lindi, Mikindani, ont eu leur période de splendeur au beau temps du commerce des esclaves : la répression de la traite les a ruinés. De Kiloa Kissiouani, fondée avant l'an mil, ancienne tête de ligne des caravanes du Nyassa, ce commerce, rendu impossible par la surveillance anglaise. s'était transporté plus au nord, à Kiloa Kivindjé, qui n'est pas accessible aux navires de guerre. Il doit avoir presque complètement disparu depuis que ce dernier port est allemand.

Derrière l'étroite *mrima* s'élève un vaste plateau-steppe, presque toujours situé au-dessus de 1 000 mètres d'altitude ; sauf dans les régions de failles, le sol est composé de couches horizontales de granit, de gneiss, de micaschiste, de quartzite, décomposés à la surface en argile rouge brique, ou *latérite* (1). Le rebord, visible du rivage, est formé de calcaire jurassique. Par endroits affleurent les basaltes ; dans le sud se trouvent des grès carbonifères.

Le climat est tout à fait tropical (nous sommes entre le 1ᵉʳ et le 11ᵉ parallèle au sud de l'équateur). D'avril à juin souffle la mousson du S.-O., remplacée ensuite jusqu'au commencement d'octobre par les alizés du S.-E., qui déterminent la saison dite sèche et (octobre-novembre) la petite saison des pluies.

De la mi-novembre à la mi-mars règne la mousson du N.-E., dont l'influence civilisatrice et économique a été capitale : c'est grâce à elle que l'Inde a commercé de tout temps avec Zanzibar et que la domination arabe s'est établie sur la *mrima*. Encore aujourd'hui les barques de Mascate arrivent pendant la mousson et repartent en avril. Ce qui domine, ce sont donc les vents d'est, c'est-à-dire les vents humides. Aussi pleut-il beaucoup sur la côte. Mais les nuages, condensés sur le bord du plateau et sur le Kilimandjaro (neige), pénètrent peu dans l'intérieur, où la hauteur totale des pluies annuelles ne dépasse pas 3o à 4o centimètres, et où la différence entre les saisons sèche et humide est fortement marquée(2) ; les nuits de + 4° y succèdent à des jours de + 45°.

Ces conditions climatiques déterminent le caractère de

(1) Qu'on retrouve dans le plateau central de Madagascar.

(2) Sur la côte la moyenne annuelle est de 26°, juillet 23°, février 28°. Il tombe 1 o3o millimètres à Dar-es-Salam, 985 à Bagamoyo, 828 à Tabora, o33 à Langenburg.

la flore. A l'époque des pluies, la steppe se couvre d'une végétation herbeuse et fleurie, de près de 4 mètres de haut, où la marche des caravanes est assez dangereuse, à cause des animaux et des ennemis qui peuvent s'y dissimuler. Mais très vite l'herbe jaunit et sèche, et la terre rouge apparaît nue ; par endroits elle revêt un caractère désertique, avec champs de pierre, sables et floraisons salines. Ailleurs c'est la brousse, les buissons d'aloès, d'euphorbes, d'acacias. Au pied des montagnes, où il pleut davantage, c'est la steppe à arbres fruitiers, appartenant surtout à la famille des mimosées. Le long des fleuves, se trouvent des marais à papyrus et des forêts en galerie. Dans la région des lacs, on pénètre dans l'immense forêt équatoriale, la forêt sans lumière aux lianes géantes. Il est difficile de donner une idée de la répartition de ces zones(1) ; car, suivant qu'ils ont vu un pays dans telle ou telle saison, les voyageurs le classent dans la steppe herbeuse ou dans la brousse, etc. On peut évaluer les terres cultivables à 1/5, la steppe à 4/5.

Toute cette steppe est une des régions les plus giboyeuses du globe. On y trouve l'antilope, la girafe, le zèbre, le buffle, l'autruche (2), le rhinocéros, l'hyène, le léopard. Le lion est plus rare, sauf chez les Massaï. L'éléphant a été diminué par une chasse destructive. La mouche tsétsé n'est répandue que sur une faible partie du territoire, mais

(1) Voy. l'essai tenté par Langhans, qui distingue par six teintes diverses la côte, les régions à pluies, la brousse, la steppe herbeuse, la brousse épineuse, le désert.

(2) Il existe une société pour l'élevage de l'autruche et du zèbre. (*Kilima N. Straussenzuchtges*).

les fourmis et termites, et surtout les sauterelles, sont redoutables.

Colonisation. — Somme toute, à côté de régions d'avenir, la Deutsch-Ost-Afrika enferme des terres sans développement possible, à l'exception des vallées qui les traversent. Les régions propres aux cultures tropicales paraissent être surtout le bassin du Pangani, la côte de Saadani à Bagamoyo et les vallées qui y débouchent, la vallée du Roufidji et la côte entre ce fleuve et la Rovouma, le Kondeland (à la tête septentrionale du Nyassa), les environs d'Oudjidji, enfin le Victoria et la vallée de la Kaguéra, riches en caoutchouc. Les autres cultures peuvent réussir dans les pays de montagnes, comme le Handeï, près de Tanga, et les volcans éteints du Kilima. Le reste (jusqu'à présent 150 000 kilomètres, soit 1/6 seulement du territoire ont été utilisés) peut fournir de bonnes steppes d'élevage.

Jusqu'à l'occupation, il n'y avait dans la région qu'un petit nombre de plantations. La principale richesse de la *mrima* consistait dans le commerce des esclaves et de l'ivoire (l'un portant l'autre, ce qui économisait les frais de transport). Ce commerce était surtout concentré à Zanzibar, où étaient les agents de maisons européennes, qui fréquentaient peu la côte. Aujourd'hui le commerce des esclaves est rendu très difficile. L'ivoire est drainé presque entièrement par le Congo et le chemin de fer belge. Les quantités qui s'en trouvent près du Kilimandjaro et du Victoria seront absorbées par la ligne anglaise de l'Ouganda.

Force est donc de faire du pays surtout une colonie à

plantations. Actuellement, ces plantations sont presque exclusivement installées dans l'Ousambara (1), au coin N.-E. de la colonie, et surtout sur les pentes et le plateau boisé et bien arrosé du Handeï, et dans la vallée inférieure du Pangani. A cause de la faible densité de la population, il a fallu faire venir, à côté de travailleurs de l'intérieur (Ounyamouési et Ouasoukouma) des coulis d'Extrême-Orient. La principale culture est le café, *arabica* et *liberia* (2). C'est la culture qui paraît avoir le plus d'avenir. On aura une idée de la transformation économique du pays en jetant un coup d'œil sur la liste des principales sociétés de colonisation, dont quelques-unes sont à capital assez important, et qui ne sont pas toutes berlinoises :

1. *Deutsch-Ost-Afrika-Gesellschaft* (ancienne société Peters, capital 6 130 000 marks) : A). Plantations dans le Handeï : celle de Derema, qui remonte à 1891, compte 170 000 caféiers, plus 250 000 jeunes plants : elle emploie 200 coulis chinois et japonais. B) Sur la côte : en 8 ans la société aura planté plus d'un million de cocotiers. Elle a abandonné la culture du coton, trop peu rémunératrice.

2. *Deutsch-Ost-Afrika-Plantagengesellschaft* (fondée à Berlin en 1886, au capital de 2 millions). La plantation de Lewa, au pied du Handeï, compte 400 000 caféiers

(1) Sans parler des cocotiers qui bordent la *mrima* : un million d'arbres avaient été plantés par les indigènes ; les Européens en ont déjà planté un demi-million. Dans les terres bien irriguées, le cocotier persiste jusqu'à Tabora et même jusqu'à Oudjidji, où il a été introduit par les Arabes. On trouve même à Oudjidji une plantation d'*elæis*, la seule qui existe dans l'Afrique orientale.

(2) Les cafés indigènes du Nyassa et du sud sont de qualité inférieure. Dans les premières plantations, des fautes avaient été commises : ainsi le climat est un peu trop sec pour le *liberia*.

liberia, avec 150 coulis et 4 à 500 indigènes. Près du Pangani elle plante des cocotiers.

3. *Ousambara-Kaffee-Bau-Gesellschaft* (1/2 million).

4. *Rheinische - Handeï - Plantagengesellschaft* (fondée à Cologne, en 1895, avec 1 million et demi).

5. La *Westdeutsche Handels und Plantagengesellschaft*, de Dusseldorf, possède, près de Tanga, des plantations de café et de vanille et des cocotiers. Elle a abandonné le coton.

6. La *Deutsche Tanga Gesellschaft* (de Walsrode, Hanovre) a repris les plantations de Saint-Paul-Illaire et von Bülow : caoutchouc, vanille, cocotiers, café.

Il faut y ajouter plusieurs sociétés en formation, qui témoignent de l'extraordinaire activité des Allemands dans ce coin d'Afrique : *Ostafrikanische Pflanzungsgesellschaft*, *Pangani-Gesellschaft* (formée par l'ancien syndicat des sucres ·de Berlin), *Sigi-Pflanzungsgesellschaft* d'Essen, *Hamburg-Westusambara-Gesellschaft* (café). Ces dix sociétés, toutes allemandes, représentent un capital de près de 13 millions de marks. En dehors d'elles, il existe un certain nombre de plantations privées en activité à Tanga et à Pangani (café, cocotiers, cacao). Il y a bien aussi dans le bas Pangani des plantations de cannes à sucre, mais elles sont aux mains des Arabes. Quelques entreprises européennes sont répandues hors de l'Ousambara : près de Bagamoyo on cultive la vanille, à Lindi et à Mikindani le café, la vanille, le cacao, le cocotier, la kola. Le gouvernement entretient un grand jardin d'essai à Dar-es-Salam, une station spéciale pour l'Ousambara à Kouaï, et une autre à Mohorro, dans le delta du Roufidji. Le tabac réussit bien dans cette dernière ; il avait généralement échoué dans les autres plantations parce que les localités étaient mal choisies. On a fait aussi à Kouaï quelques essais de thé.

Dans l'intérieur, l'œuvre colonisatrice est encore presque exclusivement le fait des missions. Au premier rang, les *Pères blancs*, ou missionnaires français d'Alger, dont l'activité se rattache à la grande croisade antiesclavagiste prêchée par leur chef, le cardinal Lavigerie. Ils ont fondé un grand nombre de stations dans les trois vicariats de Sud-Nyanza (Kamoga), de l'Ounyanyembé (Tabora), du Tanganika (Oudjidji, Karéma). C'est à eux surtout qu'on doit la connaissance de l'intérieur du pays (1). On peut seulement regretter de voir ces énergies françaises se dépenser en terre étrangère. Les *Pères noirs*, ancienne société française formée de religieux allemands et alsaciens, administrent le vicariat du Nord-Zanguebar (en partie sur territoire anglais) : les bénédictins bavarois (*Sanct-Benediktus Mission*), la préfecture apostolique du Sud-Zanguebar. Du côté protestant, on compte quatre sociétés allemandes : l'une spéciale à la colonie (*Evangelische Missionsges. für D.-O.-A.*), la société des missions chez les païens (*zur Beförderung der ev. Missionen unter den Heiden*), la *Brüdergemeinde*, la mission évangélique de Leipzig, et deux anglaises : *Universities Mission to central Africa* et *Church Missionary Society*.

---

(1) L'un d'eux, le P. Dromaux, vient de trouver, par Kiouélé, la route la plus courte de Bagamoyo à Karéma, sans passer par Tabora. Voy. Langhans, *Pater Dromaux' Durchquerung von D.-O.-A.* dans les *Mitteil.* de 1899, I, p. 1. Voyez aussi *Mgr Lechaptois Reisen...im Rikwagraben* (ibid., p. 225) et *Th. Meyer* (ibid., p. 166).

Cette région intérieure pourrait, à la rigueur, recevoir
l'Européen et devenir une colonie agricole. Les hautes
plaines peuvent porter toutes les cultures européennes :
céréales, pommes de terre, légumes, arbres fruitiers, et
fournir des territoires d'élevage. Le pays de Kondé, en
particulier, est très fertile, et de plus il possède des gisements de houille (1) qui peuvent être utilisés à la fois pour
la navigation à vapeur sur le Nyassa (l'Allemagne y entretient actuellement trois vapeurs) ou sur le Tanganika
et pour les futures voies ferrées.

Communications. — La question des transports est plus
importante encore ici qu'au Cameroun. L'éloignement
est, en Afrique, mortel pour toute denrée autre que l'ivoire
et le caoutchouc. Malgré les efforts faits par le protectorat
pour briser le monopole des porteurs, la tonne de Victoria
à la côte, revient à 2500 marks, tandis qu'en chemin de
fer, au tarif le plus élevé, le prix serait seulement de 540.
Les fleuves sont nombreux, mais ils ont peu d'eau en saison sèche, et la navigabilité s'arrête aux rapides (le Pangani est navigable sur 40 kilomètres seulement). La vraie
route d'eau est par le Zambèze, le Chiré, le Nyassa et de
là, par un pays élevé et sain, le Tanganika, le Kaguéra et
le Nil. Mais cette route est plus ou moins complètement
aux mains des Anglais qui vont la doubler par la ligne
ferrée du Cap au Caire. Même si cette ligne emprunte le

(1) On trouve également du sel. Quant aux autres minéraux, des sociétés
diverses se sont constituées pour les rechercher, mais, jusqu'à ce jour, sans
résultat. Th. Meyer, dans un voyage de novembre 1898 au Nijkaland et au
Bundaliland (N.-O. du Nyassa), voyage entrepris pour l'établissement de
nouvelles stations missionnaires, a constaté la présence du fer en assez grande
quantité.

territoire allemand (1), elle enlèvera à l'Allemagne la domination économique de son hinterland, à moins qu'on
ne la rattache immédiatement à la côte par une ligne
transversale (2).

Actuellement il n'existe que la petite ligne de l'Ousambara, de Tanga à Mouhesa (une quarantaine de kilomètres).
Mais la compagnie concessionnaire (*Eisenbahnges. f. D.-O.-
A.*, Berlin 1891, capital 2 millions) est à bout de forces,
et n'a pas le capital nécessaire pour prolonger sa ligne
jusqu'à Korogué sur le Pangani. Il en est de ce petit chemin de fer comme de plus d'une ligne coloniale inache-
vée : tel qu'il est, il ne sert de rien. Son point terminus
est trop près de la côte pour que l'économie du transport
puisse payer les frais du transbordement. Les travaux ont
été faits d'une façon trop coûteuse pour l'Afrique et la
compagnie est épuisée par les frais d'entretien et de répa-
rations. Si on n'ajoute pas 3 millions aux 2 millions
700 000 marks déjà engloutis dans l'affaire, ceux-ci auront
été dépensés en vain. Or le chemin de fer anglais de l'Ouganda, qui part de Mombas, à 120 kilomètres seulement
au N. de Tanga, a déjà 300 kilomètres de rails. Les Allemands ne sont pas encore près de lui opposer leur ligne
Tanga-Kilimandjaro.

Pourtant le temps presse. Un missionnaire allemand
écrivait du district du Kilimandjaro à la *Gazette de l'Allemagne du Nord*, le 21 juillet dernier, pour constater le

---

(1) Ce qui n'est nullement certain, à en juger par les racontars qui circulent
sur l'entrevue de Cecil Rhodes avec Guillaume II. Ils ne se sont mis d'ac-
cord que sur la construction du télégraphe.

(2) Ce qui sera impossible si elle passe par territoire congolais, à l'O. du
Tanganika.

« déplacement du courant commercial au profit du territoire anglais. L'ancienne route des caravanes qui traver-
sait l'Est-Africain allemand pour aller à Tanga est abandonnée, et les produits vont à Voï, station de la ligne de

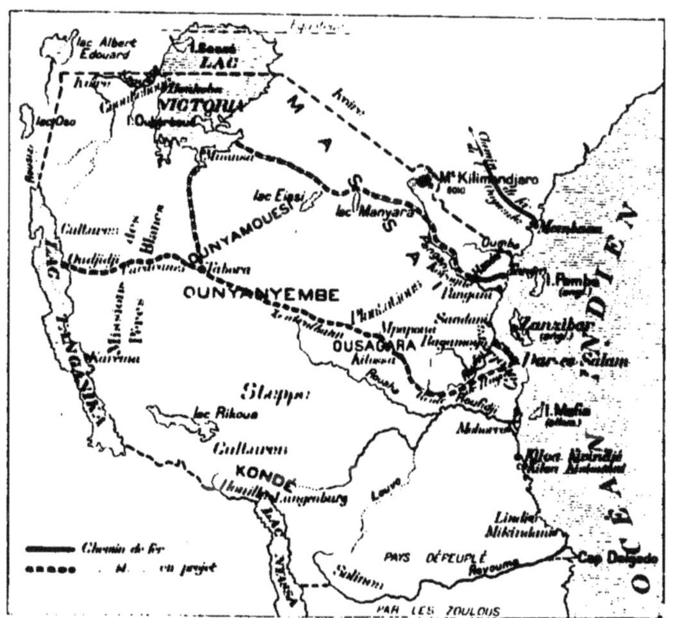

Est-Africain allemand.

l'Ouganda... Il est indispensable de pousser le chemin
de fer allemand de Tanga par Korogué jusqu'au pied du
Kilimandjaro, si l'on veut empêcher cette partie de l'Est-
Africain allemand de devenir tributaire, au point de vue

commercial, des possessions anglaises » (1). « Il est à craindre, lisait-on plus récemment encore dans un rapport officiel, que ce chemin de fer, si nous ne prenons des mesures de notre côté, entraîne complètement, en raison du bon marché des tarifs, le commerce de l'intérieur hors du territoire allemand. Déjà aujourd'hui le transport des charges de Tanga à Moschi, malgré le détour par Mombas, est moitié moins cher et demande moitié moins de temps que par la ligne droite (par porteurs) à l'intérieur de notre territoire ».

Un autre projet, plus grandiose à la vérité, a distrait les Allemands de celui-là, celui d'une ligne centrale de Bagamoyo ou de Dar-es-Salam à Tabora et Oudjidji, qui suivrait la route des caravanes.

Les premières études ont été faites par le *Komitee für die D.-O.-A. Zentralbahn*, auquel sont intéressés, par tiers égaux, la section coloniale du ministère des affaires étrangères, la société de l'Est-Africain, et la *Deutsche-Bank*. Une troisième ligne irait de Dar-es-Salam au Nyassa.

De bons esprits se demandent s'il est urgent de relier les lacs à la côte par des voies ferrées, et si l'on ne pourrait pas d'abord surveiller les caravanes, améliorer les routes, non pas en faisant des travaux d'art qui sont détruits par les pluies et envahis par la végétation, mais en transformant les sentiers en routes charretières. Tandis que les porteurs mettent 12 ou 15 jours de Dar-es-Salam à Kilossa par la route de Pougou, une bonne charrette mettrait 8 jours. Le Zentralbahn traverserait des régions sans trafic, au delà

(1) Voy. aussi BERNHARD, *Die Eisenbahnbau in D.-O.-A. und die Linie Tanga Mahesa* (Berlin, 1898, in-8).

de Tabora, étape déjà atteinte par la décadence du commerce de l'ivoire ; il faudrait rattacher les pays cultivables à la grande ligne par des lignes annexes. Si ce n'était pour parer à la construction du Transafricain anglais, il y aurait donc avantage à ne construire les lignes qu'au fur et à mesure de l'extension des plantations et à améliorer la navigabilité du Pangani et du Roufidji.

Il est juste d'ajouter qu'un gros obstacle à la construction des chemins de fer a disparu depuis la découverte de la houille du Kondéland, qui non seulement alimenterait les trains, mais viendrait concurrencer à Zanzibar le charbon anglo-indien ou australien, à condition toutefois que les tarifs de la ligne fussent assez bas pour pouvoir lutter contre les tarifs maritimes.

On évalue actuellement à 11 850 000 marks (1) les frais d'établissement (voie de 0^m,75) des 291 kilomètres Dar-es-Salam-Oukami (avec embranchement sur Bagamoyo). Les frais d'exploitation, pour un train par jour dans chaque sens, monteraient à 716 000 marks par an (pour 2 trains les frais seraient de 890 000). Mais que seront les recettes ? Les optimistes déclarent que les frais occasionnés actuellement par le trafic des caravanes dans le district de la future ligne ne sont pas inférieurs à 6 millions de marks par an ; ils en concluent que, dès les premières années, la ligne fera à peu près ses frais (2). C'est peut-être aller

(1) Les évaluations anciennes (Kurt Hassert), portant sur un tracé plus complet et sur une voie plus large, montaient à 70 millions. Celles que je donne dans le texte correspondent aux propositions réduites actuellement présentées par la *Kolonialgesellschaft*. Voyez la note suivante.

(2) W. ŒCHELHAUSER, *Die D.-O.-Afrikanische Zentralbahn* (Berlin, Springer, 1899, in-8). La construction de la ligne entière, jusqu'à Oudjidji,

bien vite en besogne : le chemin de fer ne tuera pas immédiatement la caravane, surtout tant que n'auront pas été construites les lignes annexes. Mais il est certain que « l'exemple et la concurrence pressante des Anglais et des Belges contraindront bientôt les Allemands à construire la ligne de la côte au Tanganika et au Victoria-Nyanza (1) ».

Commerce. — Au point de vue commercial, l'Est-Africain allemand est toujours dans la dépendance économique de Zanzibar, que Dar-es-Salam n'a pu détrôner et où sont établies les principales maisons allemandes. Par le port franc de Zanzibar passent encore 85 pour 100 de l'importation allemande et toute l'importation hindoue à destination de la colonie, et 80 pour 100 de l'exportation pour l'Allemagne. Le commerce total est d'ailleurs en progrès : de 11 millions et demi de marks en 1895, il passe à 12 780 000 en 1896, soit :

EXPORTATION	4 120	vers Zanzibar.	3,27
		directe vers l'Allemagne.	0,70
IMPORTATION	8 660	de l'Inde.	4,09
		d'Allemagne.	2,09

En 1898, l'exportation est montée à 4 332 000 M., l'importation au chiffre élevé de 11 852 000. Le seul port de Hambourg a reçu de l'Est-Africain pour plus d'un million de M., au lieu de 661 600 en 1894.

Les principaux objets d'exportation sont :

L'*ivoire*, presque exclusivement vers Zanzibar. Les plus

évaluée à 30 000 M. le kilomètre, monterait à 20 ou 24 millions de marks (*D. Kol. Ztg.*, nº 45 de 1899). La société coloniale adresse pétitions sur pétitions au chancelier pour avoir ce chemin de fer.

(1) Article de Singer, dans les *Mitteil.*, sur le livre précité.

grosses quantités sont embarquées à Bagamoyo et Saadani (sur barques arabes), les meilleures qualités à Pangani et Kiloa. Après une diminution constante jusqu'en 1895, ce commerce s'est un peu relevé : 15149 défenses en 1896-97 contre 12240 l'année précédente ; le *caoutchouc*, surtout pour l'Allemagne ; le sucre, le copra, les arachides, les bois, le tabac, les gommes, les peaux, le café (de qualité inférieure), des bestiaux (vers Zanzibar).

L'importation comprend pour plus de moitié les cotonnades (d'Allemagne, d'Angleterre, d'Inde, d'Arabie, de Belgique), le riz (de l'Inde, pour les coulis), les spiritueux (d'Allemagne et de France). Les revenus des douanes (le territoire douanier ne comprend qu'une partie du protectorat) ont atteint un million et demi de marks.

Les vapeurs de la *Deutsch-Ost-Afrika Linie* (de Hambourg) touchent Dar-es-Salam toutes les trois semaines (1), et sa ligne annexe relie entre eux les ports secondaires. Les croiseurs de l'escadre visitent trois fois par mois la côte nord, deux fois la côte sud, et un croiseur des douanes fait le service entre Kiloa et Mafia. Ces croiseurs sont chargés de la surveillance de la traite. La colonie reçoit environ 8000 boutres arabes par an.

Population. — La population évaluée autrefois à 3 millions d'habitants serait, d'après le premier recensement officiel (effectué en 1899) de 6 millions. Elle est relativement dense sur la côte, la montagne bordière, le Kilima, dans l'Ounyamouesi et le plateau des lacs (2). Les Bantous

---

(1) Sans parler des lignes anglaises et françaises qui desservent Zanzibar.
(2) Sur les populations du lac Victoria, voy. P. Kollmann, *Der Nordwestern unserer Ostafrikan. Kolonie* (Berlin, 1898, in-8). A.

Hauser.

en forment le fond, mêlés au nord à des races nilotiques. La majorité vit d'agriculture (1) (haricots, sergho, maïs, riz, manioc, patates, arachides, bananes, tabac, chanvre à fumer, élevage des poules, des chèvres, du bœuf) et pratique le portage. Leurs organisations politiques rudimentaires ont été sans force pour résister aux races belliqueuses, Massaï et Zoulous. Les Massaï (steppe nord), bergers guerriers et pillards, probablement parents des Gallas, ont été ruinés par la peste de 1891, qui leur a enlevé leur seule richesse ; les deux tiers de la race ont disparu, le reste se compose d'affamés et de mendiants. Les Zoulous envahisseurs ont transformé en désert le district sud, supprimé dans cette région le trafic des caravanes, anéanti une expédition allemande.

Sur la côte, l'influence arabe s'est fait sentir dès le VIIIe ou le IXe siècle. Du mélange des Arabes avec les nègres est née la race métisse des Souahélis (habitants du rivage), qui ont des Arabes surtout les défauts. Peuple de commerçants et de porteurs, ils parlent une langue mi-arabe mi-nègre. qui est l'idiome commercial de la *mrima*. Autrefois ils restaient sur la côte où leur arrivaient ivoire et esclaves. Au début de ce siècle, ils créèrent des plantations et eurent besoin de travailleurs ; c'est pourquoi ils s'enfoncèrent dans l'intérieur, vers les grands réservoirs de chair noire, en 1840 à Oudjidji, en 1868 sur le Congo. Quelques-uns

WIDEMANN. *Die Kilimandscharo Bevölkerung* (*Ergänzh. des Mitteil.*, n° 129).

(1) Agriculture rudimentaire, au hoyau. Les plus récents auteurs allemands (Wohltmann, 1898) disent que l'indigène est beaucoup plus travailleur que ne le ferait croire le concept courant du « nègre paresseux et sans besoins ».

s'installèrent rois dans les centres esclavagistes, comme Tippo Tip avec ses 10 000 esclaves armés, comme Roumaliza. On doit reconnaître qu'ils donnèrent aux nègres une demi-civilisation, de nouveaux besoins. Partout où ils s'établirent, on trouve des plantations de dattiers, de manguiers, de citronniers, de grenadiers, vraies oasis dans la steppe. La répression de la traite et la diminution du nombre des éléphants les ont gravement atteints dans leur richesse, et l'Allemagne a brisé leur puissance politique. Mais ils ont conservé une grosse influence, ils jouent un rôle important comme propriétaires fonciers, conducteurs de caravanes, petits détaillants et marins. Le protectorat ne fera rien s'il ne sait les gagner à ses vues.

Les Hindous (8 à 10 000) presque tous sujets anglais, sont exclusivement dans les ports : on compte 280 maisons hindoues rien qu'à Kiloa, presque toutes succursales des grandes maisons de Bombay. C'est pourquoi une partie importante du trafic de la colonie passe par l'Inde. Commerçants et banquiers, ils ont assez mauvaise réputation. Ils abusent de l'état de gêne où sont les Arabes, à qui l'argent manque souvent pour organiser les caravanes. Ils ne touchent pas matériellement les intérêts de leurs prêts. ce qui serait contraire au Coran, mais ils imposent aux caravaniers des contrats usuraires dont certain personnage de Molière eût été jaloux : ils prêtent une partie du capital en pacotille, évaluée à 100 pour 100 au-dessus de sa valeur : ils reprennent ensuite à vil prix les objets invendus et exigent pour chaque porteur 10 ou 15 dollars de plus qu'ils ne le payent. L'Allemagne devra protéger les Souahélis contre eux, mais elle ne peut ne pas ménager ies Hindous, la partie la plus riche et la plus active de la population.

Les Européens sont un millier, dont plus du tiers vit sur la côte (1). On compte 660 Allemands, presque tous fonctionnaires, agents des Sociétés, officiers et sous-officiers. Ils ont fondé à Dar une brasserie et un journal, le *Deutsch-Ostafrikanische Zeitung*. L'administration est déjà assez compliquée : le pays était récemment divisé en 7 cercles organisés (sur la côte) et 8 cercles provisoires (*Stationsbezirke*) ; en 1897 le nombre des cercles a été porté à 19. Le corps d'occupation (*Schutztruppe*) comprend 12 compagnies réparties en 15 postes (4 sur la côte, les autres sur les routes à caravanes), avec 62 officiers blancs et 12 de couleur, 109 et 120 sous-officiers. 1 500 soldats de couleur. Il faut y ajouter une troupe de police de 400 hommes, qui a aussi quelques détachements dans l'intérieur (2).

Cette administration coûte cher. L'Ost-Afrika rentre dans la catégorie — trop connue — des colonies qui ne paient pas. Le dernier budget (1898-99) montait à 8 495 000 marks. Or, les recettes normales (douanes et impôts) n'y figuraient que pour 2 510 000 ; la contribution du budget d'Empire pour 5 985 000. Tous ces chiffres sont beaucoup plus élevés que ceux de l'année

(1) Surtout dans les cercles de Tanga et de Dar-es-Salam. D'après le recensement, les 1 090 Européens, dont 397 dans le cercle de Dar et 198 dans celui de Tanga, se décomposent en : 241 employés, 199 missionnaires, 172 soldats, 99 marchands, 71 planteurs, 68 artisans, 34 aubergistes et détaillants.

(2) Il y a deux ressorts judiciaires, nord (Tanga) et sud (Dar), et cinq agences principales des douanes.

précédente, où le total des dépenses était de 6 039 000 marks (1).

Il ne faut pas oublier que nous nous trouvons ici en présence d'un pays neuf, immense, dans lequel l'œuvre de la colonisation est à peine commencée, dont l'évolution a été retardée par les révoltes et par les erreurs de système, et qui souffre d'une terrible cause de faiblesse : la présence de la puissance anglaise à Zanzibar et dans l'Ouganda. L'Allemagne ne pourra jamais réagir complètement contre cette situation, et il y a peut-être quelque exagération dans la hâte fébrile avec laquelle ses planteurs et ses capitalistes se sont précipités à Tanga et à Pangani. Avec le temps, avec une bonne organisation des transports, il est possible que les plantations de la région côtière donnent de sérieux bénéfices, et que même des Européens puissent s'établir, en petit nombre, dans l'intérieur (2). Mais le rêve des Peters et des von Wissmann ne sera pas intégralement réalisé (3).

(1) Pour 1900, le budget d'Empire porte 6 830 900, le budget local 3 008 600.

(2) M. Stuhlmann, *Die wirtschaftliche Entwickelung D.-O.-Afrikas*, 1898, cit que des colons à 10 000 marks de capital peuvent peupler l'Ouest-Ousambara et l'Ouhétré. Il croit moins à l'avenir des grandes compagnies. — Fr. Wohltmann, *Deutsch.-Ost.-Afrika* (Berlin, Telge, 1898, in-8) réclame une abondante immigration européenne dans le West-Usambara. Il se borne à demander que ces immigrants ne soient pas absolument sans ressources, et considère comme suffisant un capital de 5 000 marks.

(3) On signale actuellement d'assez graves conflits de frontière entre les troupes du protectorat allemand et celles de l'État libre dans la vallée du Rousizi.

V

COLONIES ALLEMANDES DU PACIFIQUE

Compagnie de la Nouvelle-Guinée. — L'importance que le percement des isthmes américains peut donner à l'Océanie avait attiré de bonne heure l'attention de l'Allemagne, qui, dès 1878-79, installa des dépôts de charbon aux Samoa, aux Marshall et dans la Nouvelle-Bretagne (aujourd'hui Neu Pommern): les Allemands faisaient déjà dans ces îles un certain trafic (1), mais ils avaient à souffrir de l'esprit exclusiviste des Australiens qui faisaient enlever par leurs vaisseaux racoleurs les travailleurs employés sur les plantations allemandes. L'apparition d'un navire de guerre sur la côte de la Nouvelle-Guinée détermina un instant le Queensland à revendiquer comme anglaises toute la partie non hollandaise de la Nouvelle-Guinée et les îles voisines, mais la colonie fut désavouée par la métropole. La *Neu-Guinea Kompagnie* (fondée par von Hansemann) fit en octobre 1884 une expédition, soutenue par deux navires de guerre, sur la côte nord-est de la Nouvelle-Guinée et dans l'archipel de la Nouvelle-Bretagne. Elle obtint une lettre de protection impériale le 17 mai 1885 et, après la conclusion de l'arrangement avec l'Angleterre en 1886, on

(1) Il y avait des factoreries allemandes dès 1870. En 1874, la maison Godeffroy de Hambourg créa plusieurs stations dans l'archipel Bismarck.

lui conféra le droit d'administrer : 1° la portion de la grande île dénommée Kaiser-Wilhelms-Land (181 000 kilomètres carrés) : 2° l'archipel Bismarck (anciennement Nouvelle-Bretagne, 52 000 kilomètres carrés); 3° le nord-ouest des Salomon (22 000 kilomètres carrés), en tout 255 000 kilomètres carrés. Par la convention anglo-allemande du 8 novembre 1899, l'Empire a renoncé à une partie de ce dernier groupe. Il perd les deux grandes îles Choiseul (5 850 kilomètres carrés) et Isabelle (5 840). Il ne conserve de l'archipel Salomon que l'île de Bougainville (10 000 kilomètres carrés), les îles de Bouka et Shortland, et les atolls Carteret, Marqueen, Tasman, Ongtong-Djava. La ligne de démarcation cesse de former un coin s'enfonçant au cœur des possessions anglaises, entre les îles de New-Georgia, Guadalacanar et Malayta.

L'établissement des Allemands dans le Kaiser-Wilhelms-Land n'alla pas sans bien des déboires. Les populations sauvages (Papouas) tuèrent des explorateurs, et même l'un des premiers gouverneurs. Les éruptions volcaniques, les fièvres, firent des victimes. Finschhafen, choisi comme siège du gouvernement à cause du voisinage de l'Australie (1), fut désolé en 1891 par une épidémie de malaria, qui enleva dix employés de la compagnie. On transporta la capitale à Stephansort et, en dernier lieu, à Friedrich-Wilhelm-Hafen.

Le Kaiser-Wilhelms-Land s'ouvre par une grande côte, entaillée de bons ports. L'intérieur est à peu près inconnu,

---

(1) Les relations avec la métropole avaient lieu à cette époque par Cooktown, Queensland.

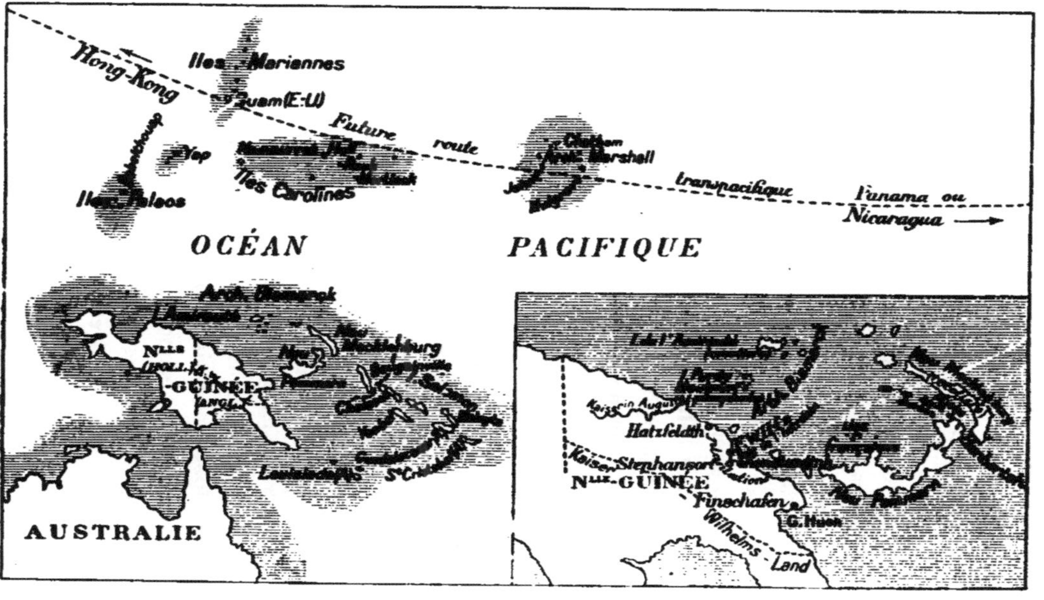

Possessions allemandes d'Océanie.

sauf la région du Kaiserin Augusta Fluss, grande voie qui pénètre dans l'intérieur et qui, à la saison des pluies, peut être remontée par les vapeurs ; les rives, dans le cours inférieur, en sont propices à l'élevage. Sur la côte, on trouve des cocotiers. Les meilleures plantations sont celles de la baie de l'Astrolabe. Le café réussit bien dans les deux stations qu'y a créées la compagnie, à Friedrich-Wilhelm et Konstantinhafen. Les premières tentatives faites pour le tabac avaient échoué, maintenant l'exportation monte à près de 160 000 livres. Le coton donne d'assez belles espérances ; l'Allemagne, qui importe chaque année pour 230 millions de marks de ce textile, aurait un intérêt de premier ordre à développer cette culture. — En dehors de la Neu-Guinea Kompagnie, il faut citer la *Kaiser-Wilhelms-Land-Plantagengesellschaft* de Hambourg (fondée en 1890, fusionnée en 1891 avec l'*Astrolabe Kompagnie*).

Tous les efforts de la compagnie à charte ont été jusqu'à présent concentrés sur la Nouvelle-Guinée elle-même, ce qui paraît une faute, car cette île est la plus inconnue, la plus insalubre. On n'a, pour ainsi dire, pas pénétré aux Salomon. L'Allemagne n'a donc pas fait un trop gros sacrifice en cédant à l'Angleterre la plupart de ces îles, dont Langhans écrivait en août 1893 (1) : « Les îles Salomon allemandes n'ont encore jamais été l'objet d'une exploitation économique. A peine existe-t-il quelques stations de commerce (par exemple, dans le détroit de Bougainville) : à part cela, ces îles sont en dehors de tous les

(1) *Deutscher Kolonial Atlas.*

courants économiques. En particulier, la côte orientale de Bougainville pourrait, en maints endroits, se prêter à la culture du café. Pour la mise en valeur économique de ces îles, il faudra compter, contrairement à ce qui s'est passé dans le Kaiser-Wilhelms-Land et l'archipel Bismarck, avec les passions guerrières et querelleuses des indigènes, que l'on peut cependant très bien utiliser comme travailleurs. »

Ces paroles n'ont pas cessé d'être vraies. La Neu-Guinea Kompagnie, complètement absorbée par l'exploitation du Kaiser-Wilhelms-Land, a commencé à peine à s'occuper de l'archipel Bismarck : elle a, jusqu'à ce jour, presque ignoré les Salomon. Ni les deux lignes projetées par le *Nord-Deutscher Lloyd* (Singapour-Sydney et Hong-Kong-Sydney), ni la ligne projetée de la Société de Jaluit ne doivent toucher aux Salomon. Il s'agit donc de territoires qui donneront peut-être d'excellents résultats entre les mains anglaises, mais pour lesquels l'Allemagne, depuis 1886, n'a rien fait, et pour lesquels elle n'est pas en mesure de rien faire avant qu'il soit longtemps. Encore conserve-t-elle la plus grande de ces îles, la mieux pourvue de bons ports, la plus susceptible d'une utilisation économique immédiate, la plus voisine enfin du groupe formé par Neu Pommern et Neu Mecklenburg. Il est vraisemblable que, délestée de deux îles trop excentriques, la Compagnie va concentrer ses ressources sur celle qu'on lui laisse et que l'exploitation de Bougainville va commencer.

Dans l'archipel Bismarck, une seule station a été fondée (dans l'île de Neu Pommern), à Herbertshöhe, où il y a une usine de séchage et de nettoyage du coton. Une maison américaine envoie déjà 70 000 livres de coton à Liverpool. Il y a également dans Neu Pommern quelques stations d'une société hambourgeoise, *Deutsch-Handels-und-Plantagengesellschaft der Südsee-Inseln.* Le territoire en est cultivable, les fleuves navigables. Neu Mecklenburg est tristement célèbre à cause de la folle équipée du marquis de Rays en 1879-1882 ; mais Port-Breton était dans une région stérile et rocheuse, tandis que le centre est assez fertile : les côtes ouest sont riches en copra, exploité par des factoreries allemandes et américaines. Les îles de l'Amirauté vivent de la récolte du copra et de la pêche (perles et tripang) (1). Dans le petit groupe des Purdy (à Maulwurfs-Insel) existe un gisement de phosphates. C'est la seule richesse minérale que, jusqu'à présent, l'on ait découverte dans le domaine de la Neu-Guinea Kompagnie ; il est cependant vraisemblable que l'or s'y trouve.

La population est peu nombreuse (400 000 habitants). Elle est surtout composée de peuplades mélanésiennes, mais qui parlent des dialectes très divers. Il est difficile de se procurer des travailleurs, et il faut suppléer à l'insuffisance des indigènes en faisant venir des coulis chinois et malais. Un dépôt de travailleurs a été créé à Herbertshöhe : il a recruté, en 1890, plus de 1 200 indigènes des archipels Bismarck et Salomon, et 925 l'année suivante. Mais ces chiffres sont très inférieurs aux besoins, aussi a-t-il fallu engager 1 080 coulis à Singapour et 760 à Sumatra.

(1) C'est-à-dire les holothuries, si estimées par les Chinois.

En 1892, le personnel des plantations se décomposait
comme suit :

> Travailleurs indigènes. 895
> Chinois. 420
> Javanais. 530

Les blancs sont environ 290, presque tous agents de la
compagnie. On ignore la proportion des Allemands.

Le commerce indigène a peu d'importance : il est entre
les mains des populations des petites îles et consiste dans
la vente des produits de l'industrie indigène : pots en
terre cuite, vaisselle de bois, masques, flèches, coquilles et
byssus de cauris. Pour le commerce extérieur, les chiffres
de l'importation seuls nous sont connus : elle s'accroît
depuis que les coulis viennent s'ajouter à la population
papoua, pauvre en ressources et en besoins :

> 1889. . . . . 430 000 marks
> 1890. . . . . 494 000 —
> 1891. . . . . 1 017 000 —

En 1898, Hambourg n'a reçu de la Nouvelle-Guinée
que pour 125 400 marks, et ne lui a envoyé que pour
285 000. L'Australie et l'Amérique absorbent une partie
du trafic. L'exportation est surtout constituée par le copra
et le tabac. La côte N. fournit une bonne route d'Australie
en Chine, et l'on fonde pour sa prospérité future les plus
grandes espérances sur le percement du Centre-Amérique.
Depuis 1891 la *Neu-Guinea Linie* (autre forme de la N.-G.
Ko.) correspond tous les deux mois avec le *Nord-Deutscher
Lloyd*, à Singapour, et dessert Friedrich-Wilhelm-Hafen,
Stephansort et Herbertshöhe, ce qui met le premier de
ces ports à 37 jours de Brindisi. Il est également relié à
Hong-Kong et à Sydney.

L'éloignement de la mère patrie obligera de plus en plus la colonie à produire uniquement des denrées riches.

La Nouvelle-Guinée était, l'an dernier, la seule colonie allemande qui ne fût pas encore administrée par l'État. La compagnie souveraine nommait elle-même le *Landeshauptmann* et les fonctionnaires, et c'est elle qui les payait. Ses territoires étaient divisés en deux districts distincts : 1° Kaiser-Wilhelms-Land (Friedrich-Wilhelm-Hafen) : 2° Bismarck et Salomon (Herbertshöhe). Elle s'acquittait assez mal de ses charges administratives en particulier de la police côtière. Elle n'aurait pu subvenir à ses dépenses multiples de colonisation et de gouvernement si elle n'avait eu à sa disposition des capitaux considérables. Elle a déjà dépensé 8 millions de marks. Ses recettes annuelles, qui étaient au début de 60 000 marks seulement, montent à 8 ou 900 000, mais ses dépenses atteignaient récemment un million. Le défaut de sécurité, l'insuffisance des forces militaires dont disposait la compagnie devaient amener ici, comme dans l'Est-Africain, la reprise de la colonie par l'Empire.

Dès 1898 l'Empire lui fournissait une subvention de 657 000 marks (les dépenses totales, qui sont de 732 000, étaient donc couvertes en grande partie par cette subvention). Enfin, le 1ᵉʳ avril 1899, le gouvernement de la colonie a passé officiellement de la compagnie à l'Empire : la résidence du gouverneur a été établie à Herbertshöhe (et non plus à Friedrich-Wilhelm-Hafen). Les derniers temps de l'administration de la compagnie ont donné de très mauvais résultats financiers (1).

(1) Voy. le résumé du rapport officiel du 2 décembre dans la *D. K. Ztg.*, n° 2 de 1900.

Iles Marshall. — L'archipel Marshall se compose d'une série d'anneaux coralliens, ou *atolls*. Il est divisé en deux groupes : celui de l'E. (Radak) contient 15 atolls, celui de l'Ouest (Ralik) 18. Quelques atolls sont formés de près de 60 îlots ou récifs, ombragés de cocotiers.

L'atoll Jaluit avait depuis 1878 un dépôt de charbon de la marine impériale. L'Allemagne en prit officiellement possession en 1885, et le traité conclu avec l'Angleterre en 1886 plaça les Marshall dans sa sphère d'influence.

L'unique richesse des atolls est le cocotier, qui a parfois à souffrir de la sécheresse : de 2 128 tonnes en 1893-94, l'exportation du copra tomba à 2 112 en 1894-95. Aussi un ordre impérial du 22 septembre 1894 a-t-il imposé à tous les chefs et propriétaires indigènes l'obligation de planter en cocotiers les terres vacantes. Cette mesure fera hausser le chiffre d'exportation du copra, qui était, en 1894, de 488 000 marks. En 1899, la production a atteint 2 770 tonnes. Le commerce est surtout entre les mains de la *Jaluitgesellschaft* (1), qui possède des stations dans 19 îles, et d'une maison néo-zélandaise, qui a des stations dans six îles. L'archipel, en 1895, a reçu 15 navires allemands de 6 097 tonnes, et un anglais de 2 840 : il n'est relié à la métropole que par des voiliers de Manille qui font le service six fois par an. La population, sur une superficie totale évaluée à 415 kilomètres carrés, est de 16 000 habitants. Le gouvernement allemand a pris de sages mesures pour éviter la disparition des indigènes

____

(1) Formée en 1887 d'une union entre la *Südsee-Inselnges.* et la maison hambourgeoise Hernsheim et Ko.

et pour maintenir la paix dans les îles (1), il a interdit l'introduction des spiritueux et des armes. Il a cherché aussi à protéger cette population contre l'usure : il est défendu aux indigènes de vendre leurs terres aux blancs ; on ne peut leur faire de crédit supérieur à 200 marks ; tout contrat de plus de 200 marks doit être soumis à l'approbation gouvernementale. Les étrangers (fonctionnaires et marchands) sont au nombre de 80 (dont la moitié à Jaluit), sur lesquels 50 Allemands seulement (2). Les Chinois commencent à faire leur apparition. Les frais du gouvernement sont couverts par l'impôt sur le copra, sorte de dîme prélevée sur les récoltes et qui monte à près de 200 tonnes par an. Le commissaire impérial réside à Jabor (dans l'îlot de Jaluit) où siègent également les tribunaux, les missions et la *Jaluitgesellschaft*. Grâce à la hausse des prix du copra, ces îles sont actuellement riches : elles ont pu importer l'an dernier pour 4 657 000 marks, dont 196 000 venant d'Allemagne.

Carolines et Mariannes (3). — On a encore présents à la mémoire les incidents qui marquèrent, en 1885, la tentative faite par l'Allemagne pour prendre possession des Carolines, laissées en réalité presque complètement va-

(1) En 1888, on a désarmé toute la population, qui était décimée par des luttes sanglantes.

(2) Tout récemment un journal anticolonial allemand disait : « 51 colons, dont 45 Allemands. » Ce chiffre doit ne pas tenir compte des fonctionnaires. Ceux que je donne sont tirés de la *D. K. Ztg.* de 1899, n° 32, et présentent la situation au 31 décembre 1898. Fin 99, il y avait 116 étrangers, dont 61 blancs (combien d'Allemands?), 44 métis, 11 Chinois.

(3) Voy. *Der Deutsch-Spanische Vertrag* (Berlin, Reimer, 1899), avec une carte des possessions allemandes dans le Pacifique ; et PENSA, *Les îles Carolines à l'Allemagne*, dans *Quest. dipl. et col.* du 1er juillet, p. 299.

cantes par l'Espagne. La médiation du Pape accorda seulement à l'Allemagne le droit d'y acquérir une station navale et, pour ses commerçants, un traitement égal à celui qui était fait aux Espagnols. L'Allemagne ne devait rien perdre pour attendre. Les maisons de commerce des Marshall réussirent à établir aux Carolines et aux Palaos des agences dans une vingtaine d'îles et à s'emparer de tout le commerce. Enfin le 12 février 1899, l'Espagne cédait à l'Allemagne, contre une indemnité de 25 millions de pesetas (évalués en or à 17 ou 18 millions de marks), les Carolines et les Mariannes (ou Ladrones), à l'exception de la plus méridionale de ces dernières, Guam, antérieurement cédée aux États-Unis. L'Espagne s'est simplement réservé : 1° pour ses commerçants et ses missions, l'égalité ; 2° trois dépôts de charbon, un dans les Carolines, un dans les Palaos, un dans les Mariannes.

Ce traité a été ratifié par les Cortès et par le Reichstag (1) : cinq cents îles et îlots océaniens nouveaux font partie du domaine impérial. Que vaut la nouvelle acquisition? Les adversaires du gouvernement ont fait valoir les arguments suivants : l'importation allemande, qui montait à 165000 marks en 1896, est tombée à zéro depuis la guerre hispano-américaine : l'exportation ne se compose que de copra ; la vie est extrêmement pénible pour l'Européen sur ces récifs sans terre végétale, sous le climat énervant des calmes équatoriaux. On peut répondre que, si les îles n'ont donné que des résultats insignifiants entre les mains de l'Espagne, il ne s'ensuit pas qu'une

____

(1) La ratification a été votée le 21 juin. La prise de possession s'est effectuée au mois d'août.

administration plus sage n'en puisse rien tirer. D'autre part, elles se trouvent placées sur une grande route de l'avenir, sur la route la plus directe de Panama ou de Nicaragua à Hong-Kong. Mais la situation n'est plus pour l'Allemagne ce qu'elle aurait été il y a quatorze ans : les Philippines, qui auraient pu servir de débouchés aux factoreries allemandes des Palaos, sont tombées sous la domination — au moins économique — des États-Unis : de plus, les États-Unis se sont d'ores et déjà attribué la meilleure des Mariannes, Guam, et c'est là sans doute que feront escale les paquebots des futures lignes trans-pacifiques. Exception faite de Guam, les Mariannes ne mesurent que 626 kilomètres, peuplés de 2 000 habitants. Quelques îles sont complètement désertes (1).

Somme toute, ces nouvelles acquisitions, comme les Marshall elles-mêmes, vaudront ce que vaudra le copra sur les marchés européens. Une baisse de prix sur cette denrée ruinerait tous les archipels micronésiens.

Les Allemands aux Samoa. — Aux terres officiellement allemandes, de l'Océanie, il faut ajouter aujourd'hui une partie des Samoa. Je ne veux pas recommencer ici l'interminable histoire des Matafaa, des Malietoa et des Tamasese, mais seulement spécifier l'importance des intérêts allemands dans cet archipel des Samoa, dont la position centrale sur la future route internationale était faite pour éveiller les convoitises. C'est la *Handels-und-Plantagen-gesellschaft der Südsee-Inseln* qui a commencé la colonisation des Samoa ; mais, le Reichstag ayant laissé

(1) La population des Carolines est évaluée à 40 000 habitants, celle des Palaos à 8 000.

échapper l'occasion de les acquérir, les Américains et les Anglais en ont profité pour établir le fameux *condominium* à trois, d'où sont nées les difficultés récentes. Au lieu de trente vapeurs ou voiliers allemands qui arrivaient aux îles en 1891, il n'y a eu en 1897 que douze voiliers en tout, contre trente-sept vapeurs anglais: le commerce du copra est entièrement en mains anglaises. Cependant, de 1896 à 1897, les importations allemandes ont monté de 200 à 340 000 marks. L'Allemagne possède des plantations au S.-E. de Sawaï, et la plus grande partie de celles d'Oupolou, notamment à l'E. et à l'O. d'Apia, et presque toutes celles de la côte sud (à l'exception de quelques plantations américaines et d'une anglaise). On y trouve des palmiers, des bananiers, du coton. Comme ce sont des plantations jeunes, la proportion des palmiers déjà en rapport est très faible. Apia possède deux églises allemandes (une catholique et l'autre évangélique) et un hôpital allemand. La baie de Saluafata est une station de la marine impériale.

L'importance des intérêts allemands dans l'Archipel a amené (à la faveur de la guerre anglo-transvaalienne) la signature de la convention anglo-allemande du 8 novembre, depuis ratifiée par les États-Unis. Comme compensation à ses sacrifices dans l'archipel Salomon l'Allemagne a reçu les îles principales des Samoa, c'est-à-dire Oupolou qui renferme la capitale, et Sawaï, avec les îlots adjacents (1). L'Angleterre et l'Allemagne renoncent en faveur des États-Unis à tous droits sur Toutouila, où se

(1) Soit 2 572 kq. avec 31 600 habitants, dont 350 Européens.

trouvait la station navale américaine de Pago-Pago, et à toutes les îles situées au delà du 171° E. de Greenwich.

Les avantages que l'Allemagne retire de cette convention sont considérables.

Le premier de ces avantages, c'est la disparition du *condominium* à trois, qui pouvait un jour ou l'autre mettre la jeune marine impériale en conflit avec les marines britannique et américaine. L'Allemagne fait rentrer dans sa sphère d'influence précisément les deux îles où elle a des intérêts sérieux. Dès 1879, elle y avait une station de charbon. Dès 1880, Bismarck, peu colonial pourtant de sa nature, demandait au Reichstag de reprendre aux Samoa l'entreprise où venait d'échouer la maison Godeffroy, forcée de liquider ses plantations. Le regret de l'occasion manquée à cette époque, le souvenir des marins allemands qui périrent dans l'ouragan de 1888 ont fait de la question de Samoa une question vraiment nationale. Le commerce allemand est aux Samoa le plus ancien et le plus important, les propriétés foncières possédées par les Allemands sont les plus étendues et les plus développées. Enfin Apia est sur la grande route de Sydney à San-Francisco.

Aussi M. Kurt Hassert, se faisant l'organe des coloniaux allemands, écrivait-il l'an dernier : « Il est grand temps de prendre des mesures sérieuses pour protéger le commerce allemand, créé au prix d'efforts infinis et d'énormes capitaux. On ne peut évidemment espérer d'amélioration sérieuse que si une puissance extérieure exerce seule la domination sur les Samoa. » Et il concluait naturellement en déclarant que cette puissance ne pouvait être que l'Allemagne. Son vœu n'a pas été complètement exaucé, puisqu'il a fallu, pour obtenir l'adhésion des États-Unis, leur céder Toutouila, où d'ailleurs les intérêts allemands étaient moins considérables.

Mais avec la Nouvelle-Guinée et ses annexes, avec les Carolines et Samoa, l'Allemagne devient une puissance océanienne de premier ordre, admirablement placée pour profiter des éventualités de l'avenir. Il y a là de quoi donner à réfléchir aux autres puissances qui ont des intérêts dans le Pacifique, en particulier à la France, qui n'a pas su profiter de l'occasion pour régler la question des Nouvelles-Hébrides pendant que l'Allemagne réglait celle des Samoa.

Les Allemands ont encore des plantations de sucre et même quelques usines dans les Hawaï (à Kaouaï), des maisons de commerce dans les Gilbert, les Tonga (1) et dans le groupe français des Ouallis.

En Australie, non seulement les maisons allemandes ont des succursales à Sydney, Melbourne, Port-Adélaïde, mais il y a de véritables colonies allemandes, organisées en paroisses allemandes, desservies par quatre principales sociétés de missionnaires (2). Dans le Queensland, on compte, près de Brisbane, une vingtaine de localités avec églises et écoles allemandes, et dont les noms sont suffisamment éloquents : Sieglitz, Engelsburg, Kirchheim, Mar-

(1) Par la convention, l'Allemagne renonce à toutes prétentions politiques sur les Tonga.

(2) *Ev. luth. Kirchencollegium in Queensland, Neuendettelsauer Miss. Ges., Immanuel Synode in Süd-Australien, Missionsverein in d. Ev. luth. synode. v. Austr.*

burg, Minden. Brisbane a son journal allemand, de même que Sydney, où il y a un cercle de l'Union pangermanique (*Alldeutscher Verband*). Dans la Nouvelle-Galles se trouvent les cinq colonies d'Albury ; dans Victoria les groupes importants du Wimmera et le séminaire allemand de Murtoa. Dans l'Australie du Sud on trouve, aux environs d'Adélaïde, une douzaine de villages avec églises, écoles et souvent journaux allemands, dont l'ensemble porte le nom de Nouvelle-Silésie. La Nouvelle-Zélande a deux missions allemandes, situées au nord et au sud du détroit. Langhans évalue à 106 500 le nombre des Allemands (dont 46 800 nés en Allemagne) d'Australie (1).

Kiao-tchéou. — Depuis plusieurs années, le commerce de l'Allemagne en Chine a pris une très grande extension. Les statistiques des douanes impériales chinoises donnent au commerce allemand en Chine la seconde place après l'Angleterre. Il faut assurément se défier de ces statistiques, qui déprécient systématiquement l'importance du commerce français (2), mais il est certain que l'importation allemande a triplé en dix ans : elle atteignait 28 millions de marks en 1894, 35 en 1895 et 45 en 1896 (3). Après le traité de Simonoséki, l'Allemagne obtint deux concessions : l'une à Tien-tsin, l'autre à Hankou sur le Yang-tsé. D'autre part, l'activité des missionnaires catholiques

(1) Soit 2,3 o/o de la population (*Alldeutscher Atlas*). Ils seraient 10 000 en Nouvelle-Galles, 15 000 en Victoria, 38 000 (7 o/o) en Queensland, 30 000 (8 o/o) en South-Australia, 500 dans l'Ouest, 1 000 en Tasmanie, 12 000 en Nouvelle-Zélande.

(2) Voy. à ce sujet la *Mission lyonnaise en Chine*.

(3) La progression est plus rapide encore dans les importations au Japon : 17, 26 et 35 millions.

allemands était devenue très considérable, spécialement dans le Chan-toung(1): l'évêque, Mgr Anzer, très puissamment soutenu en cour de Rome par la diplomatie prussienne, faisait de vigoureux efforts pour secouer le protectorat de la France. Dès 1887 il plaçait le Chan-toung méridional sous le protectorat de l'Empire. En 1891 il demandait à la chancellerie impériale les passeports qui étaient ci-devant demandés à la France. L'accroissement des intérêts allemands (commerciaux, religieux, politiques) en Extrême-Orient motivait la présence d'une escadre, qui avait besoin d'un lieu de refuge.

Tout poussait donc l'Empire à désirer l'occupation effective d'un port chinois. Dès 1870, Richthofen avait émis sur le port de Kiao-tchéou des vues qui furent partagées par le Kronprinz, plus tard empereur Frédéric III, et reprises par la Société coloniale allemande. Deux raisons rendaient l'opération urgente : les efforts de Mgr Anzer et du gouvernement impérial pour obtenir la création d'une nonciature à Pékin (2) avaient échoué devant les fermes résistances du Pape ; d'autre part, la magnifique progression des importations allemandes en Extrême-Orient

(1) René PINON et Jean de MARCILLAC. *La Chine qui s'ouvre*, Perrin, 1900, ch. II : *L'Affaire de Kiao-tchéou et le protectorat religieux en Chine*, p. 79 et suiv.

(2) Ce qui aurait mis toutes les nations à missionnaires catholiques sur le pied d'égalité, et rendu caduc le protectorat français. Ce protectorat, au contraire, a reçu du côté chinois une confirmation éclatante par le décret du Tsong-li-Yamen du 15 mars 1899, qui assimile les évêques aux mandarins, et ordonne de s'entendre, pour ce qui regarde les missions, avec la puissance qui a exercé de tout temps le protectorat religieux. C'est reconnaître notre droit partout où il n'est pas tenu en échec par un autre droit, comme celui que l'Allemagne a su se faire reconnaître au Chan-toung.

menaçait de s'arrêter : « Très active de 1894 à 1896,
écrivait un de nos consuls (1), l'exportation allemande à
destination de la Chine et du Japon présente pour les
trois premiers trimestres de 1897 un mouvement de recul
assez accentué pour que la presse hambourgeoise s'en
émeuve et cherche déjà un remède à cette situation. »
L'envoi d'une mission commerciale allemande, copiée
sur celle de nos Chambres de commerce, n'était qu'un
palliatif. Le remède, c'était l'occupation de Kiao-tchéou ;
une entente fut conclue avec la Russie ; dès l'été de 1897,
tout était prêt, il n'y avait plus qu'à attendre — ou à
faire naître — un prétexte.

En novembre, deux missionnaires catholiques allemands
étaient tués dans le Chan-toung. Dès le 14, trois navires
apparaissaient subitement dans la baie de Kiao-tchéou, et
la citadelle de Tsin-tau était occupée par surprise. L'envoi
d'une nouvelle escadre (prince Henri) décida la Chine à
signer, le 6 mars 1898, un traité dont les clauses dépas-
saient singulièrement la portée des incidents du mois de
novembre. La Chine concédait à l'Allemagne le droit
d'exploiter les mines et les chemins de fer dans le Chan-
toung ; elle lui donnait à bail, pour quatre-vingt-dix-
neuf ans, le périmètre de la baie jusqu'à la limite des
plus hautes marées, plus les deux presqu'îles de l'entrée
(nommément celle de Tsin-tau), plus les îles de la baie et
celles qui sont à l'entrée de la baie. En outre, toute la zone
comprise entre les bords de la baie et la distance de 50 kilomètres, soit une superficie de 7 100 kilomètres carrés

(1) E. Cor. Rapport cité dans le *Moniteur officiel du commerce*, du
20 janvier 1898.

(comprenant Kiao-tchéou), était neutralisée ; la Chine s'engageait à n'y rien innover sans l'assentiment de l'Allemagne. Cette convention équivalait à l'établissement du protectorat allemand sur une partie du territoire chinois.

La baie de Kiao-tchéou, située à 20 heures de Changhaï, à 24 heures du Peï-ho, forme une excellente base d'opérations stratégique et commerciale (1). Elle est bien fermée, facile à défendre, assez profonde sauf au nord, vers Kiao-tchéou, où elle s'ensable : mais un chenal de 8 à 10 mètres de profondeur sur 1 kilomètre de large mène jusqu'à Tsin-tau, où les deux quais d'embarquement sont accessibles même avec peu d'eau. Il n'y a jamais de glaces qu'entre l'île de Yin-tau et la côte : dans cette région de la Chine, un pareil avantage est considérable. Évidemment les Allemands ne feront de Tsin-tau ni un Changhaï ni un Hong-Kong. Mais ils y ont déjà fait de sérieuses améliorations, nettoyé les rues, créé un hôpital, dessiné les plans du futur port (à une lieue de la ville). Ils installent en ce moment l'éclairage électrique, reconstruisent l'école allemande pour Chinois, déjà trop petite, créent une autre école pour les Allemands. Ils ont compris que, pour lutter contre la concurrence du port voisin (ouvert par les traités) de Tchi-fou, il fallait faire de Tsin-tau un port franc. Le Reichstag a voté à cet effet un crédit de 5 millions de marks. Le port franc a été ouvert le 2 septembre dernier : aucun droit n'est perçu sur les mar-

(1) *Ostasiatischer Lloyd* de Chang-haï, 2 septembre 1899 (d'ap. les *Quest. dipl. et col.*, 1899, t. III, p. 237) : « De toutes les places du Nord de la Chine, Kiao-tchéou est la plus importante au point de vue stratégique, outre qu'elle est encore la principale porte ouverte sur l'Empire chinois ». Il y a là quelque exagération.

chandises c᷎   ᷎᷎᷎᷎nées sur le territoire allemand, sauf
une taxe su᷎ ᷎᷎pium; le transit des marchandises de ou
pour la Chine sera sujet à une taxe (1).

« Les travaux du port de commerce, dit la *Deutsche
Kolonial Zeitung* du 12 octobre dernier, se poursuivent
avec activité ». On a ouvert des carrières dans le voisinage. On construit un phare, une voie ferrée entre le port
et la ville de Tsin-tau. Le mouvement est déjà assez important. En voici les résultats pour le mois de juillet dernier (2):

11	vapeurs allemands	jaugeant	7 900 000	tonnes
6	— anglais	—	3 000 000	—
3	— russes	—	1 400 000	—
1	— japonais	—	700 000	—
1	voilier anglais	—	1 200 000	—

Une société berlinoise pour le commerce de l'Asie
orientale (*Deutsch-Ostasiatische-Gesellschaft*) s'est fondée
en janvier 1899, au capital de 105 000 marks. Ses débuts
ont été si encourageants qu'elle vient de porter, en février
dernier, ce capital à 395 000.

La région immédiatement voisine est surpeuplée, ce
qui exclut toute possibilité d'en faire une colonie d'émigration. Kiao-tchéou, situé à 8 kilomètres de la baie, a
une population évaluée par les uns à 30, par les autres
à 60 000 habitants. Le territoire allemand lui-même a
84 000 habitants. La propriété y est extrêmement morcelée, mais repose sur des titres peu réguliers. L'Alle-

(1) *Moniteur du commerce*, 17 novembre 1898. *Économiste français*,
1899, t. I, p. 335.

(2) *Deutsche Kolonial Zeitung*, 1899, nᵒ 41. Au mois d'août il y a eu
11 vaisseaux allemands, 5 anglais, 3 russes, 1 danois, 1 japonais.

magne cherche à éviter la spéculation sur les terrains et la dépossession des indigènes : elle interdit la vente des terres sans autorisation ; les ventes auront lieu aux enchères, mais l'acquéreur doit faire connaître l'emploi

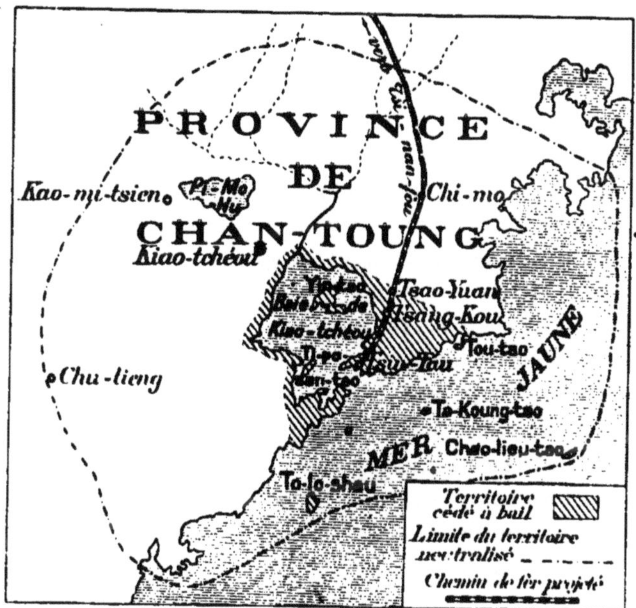

Kiao-tchéou.

qu'il compte faire de son lot, et l'administration peut changer ce lot ; s'il veut le revendre, l'administration peut exercer le droit de préemption, ou bien encaisser le tiers de la plus-value.

Mais la baie de Kiao-tchéou est surtout considérée comme un point de pénétration vers le Chan-toung et le

Chan-si. La population du Chan-toung est évaluée à une trentaine de millions d'âmes, soit une densité de 173 au kilomètre carré, avec plusieurs villes de 100 ou 200000 habitants, dont la plus importante est Tsi-nan-fou sur le Hoang-ho, qui a 300 à 350000 âmes. Cette population est actuellement surtout agricole et le territoire est fertile (sauf sur la presqu'île gneiso-granitique, complètement déboisée) en arbres fruitiers, thé, riz, blé, orge, sorgho, légumes, pavot, tabac, chanvre. Elle possède des poteries, des teintureries, des verreries, fabrique de la soie *sauvage* (ou pongee, soie du bombyx du chêne), de la paille à chapeaux. Elle renferme d'importantes mines de houille : les gisements commencent à 100 kilomètres de la baie ; les charbons et les anthracites en sont supérieurs à ceux du Japon. De plus, Tsi-nan-fou a des mines de fer magnétique. Houilles et métaux se trouvent également dans le Chan-si, mais dans cette province l'Allemagne aura à lutter contre une société anglo-italienne.

Les deux obstacles à l'exploitation des mines sont : 1° le manque d'arbres pour les travaux de boisage ; 2° la difficulté des communications. A dos de mulet. la houille du Chan-toung ne peut concurrencer la japonaise ni à Tsin-tau, ni à Tchi-fou, à l'entrée du Petchili : c'est par Tchi-fou que passe actuellement (par canal) tout le commerce du Chan-toung (1).

Aussi se préoccupe-t-on avant tout de la question des chemins de fer. Un syndicat formé à Cologne et Ham-

---

(1) Importation en 1897. Produits étrangers, 21 millions de francs ; produits chinois, 12 millions de francs. — Exportation pour la Chine, 38 millions de francs ; exportation pour l'étranger, 5 millions de francs.

bourg pour les entreprises de mines et de voies ferrées dans le Chan-toung a envoyé en mars-juin 1898 une mission dirigée par un ingénieur en chef (1), qui propose le tracé suivant : 1° une ligne de Tsin-tau à Tsi-nan-fou (350 kilomètres), à travers le district industriel du Nord, avec embranchement sur les houillères de Tsé-tchouen et Po-chan ; 2° de Tsi-nan, par un pont sur le Hoang-ho, à Tétchou (2). Plus tard on construira une autre ligne de Tsin-tau à Itchou-fou (265 kilomètres), où se trouvent d'autres houillères, ligne qui pourra se prolonger aussi jusqu'à Tsi-nan.

Ces lignes se trouveront raccordées à la future voie Hankou-Pékin.

La première de ces lignes (Tsin-tau à Tsi-nan-fou) a été concédée à un syndicat anglo-allemand, qui doit la terminer en cinq ans. La première section (jusqu'à Oueih-sien) sera faite en trois ans. Le syndicat a le droit d'exploiter les mines à dix milles à droite et à gauche des lignes ; la marine allemande s'est réservé la préférence pour tous les achats de charbon. Aux dernières nouvelles, la ligne Tsin-tau-Oueih-sien atteignait Kaumi au N.-O. de la ville de Kiao-tchéou. Il y a déjà, à côté de la société d'exploitation (*Schantung-Eisenbahn-Gesellschaft*), une société minière (*Schantung-Bergbau-Ges.*).

---

(1) GAEDERTZ, *Eine Rekógnoszierungsreise in der Provinz Schantung* dans les *Mitteil.* de 1899, p. 49, p. 82 et p. 106. Voy. J. de MARCILLAC, *Les Chemins de fer en Chine* dans *Quest. dipl.* du 13 juillet, p. 321.

(2) Sur le Yün-Ho, par environ 37°30' N. et 117°30' E. Gr. La société est à 54 millions de M. Elle doit construire 450 kilomètres en 5 ans, et les 180 premiers en 3 ans. Elle fournira à l'industrie allemande pour 20 millions de M. de commandes.

Le chef de la mission de 1898 terminait ainsi son rapport (1) :

« Avec la construction d'une ligne dans le pays ci-dessus décrit va s'ouvrir pour le Chan-toung une ère nouvelle. On pourra immédiatement tirer de cette province des produits de grande valeur commerciale ; des industries s'établiront et contribueront pour leur part au relèvement de la province. Grâce à l'excellent charbon de Po-chan, on possède un frêt important, qui facilitera la période des débuts de la ligne. On peut espérer que le jour n'est pas loin où, — grâce à l'effort combiné des plus grandes banques allemandes et des plus puissants industriels de l'Empire, — on pourra commencer l'exploitation de la ligne. » Des désordres s'étant produits sur les chantiers, le gouverneur a envoyé 180 hommes et 2 canons, qui ont rétabli le calme.

La colonie de Tsin-tau n'est donc que le modeste début d'un fait qui peut devenir très important : l'établissement des Allemands dans le Chan-toung. Ils ont déjà, cette année, profité de quelques menus incidents, comme il s'en produit journellement en Chine, pour faire sentir dans toutes les parties de la province le poids de leur autorité. Ils en profiteront encore, et ils ne s'en tiendront pas à la baie de Kiao-tchéou. Grâce à sa position près de l'entrée du Petchili, près de Oueï-haï-oueï et de Port-Arthur, non loin du Japon, grâce à son port libre de glaces, et aux richesses minières de son hinterland, cette colonie peut acquérir une importance politique et com-

(1) GAEDERTZ, p. 113.

merciale de premier ordre. Le dernier voyage du prince Henri n'a pas eu d'autre objet que de signaler à tous les yeux cette importance (1).

Une colonie de ce genre doit coûter avant de rapporter. Le budget paie presque toutes les dépenses, soit 8 500 000 marks. Le gouverneur, un capitaine de vaisseau, a sous ses ordres des troupes de la marine allemande montant à 38 officiers, 176 sous-officiers, 1 286 hommes. Les Allemands civils sont peu nombreux (2) : ils ont déjà cependant un journal, la *Deutsch-Ostasiatische-Warte*, sans parler des *Nachrichten ans Kiautschou*, supplément de l'*Ostasiatischer Lloyd* de Changhaï.

(1) On lit dans le *Temps* du 4 mars 1900 :

Le Parlement a discuté le budget de la marine. L'amiral Tirpitz, secrétaire d'État à l'office de la marine, a exposé que la situation de Kiao-tchéou est satisfaisante, que les Chinois se trouvent très bien sous la domination des Allemands et que de riches habitants d'autres régions de la Chine viennent s'établir dans la colonie.

Les capitaux allemands, ajoute l'amiral Tirpitz, cherchent aussi à fructifier à Kiao-tchéou. Le premier tronçon du chemin de fer du Chan-toung pourra être livré à la circulation dans deux ans environ, et les constructions du port seront aussi achevées à la même époque.

L'état sanitaire des troupes s'améliorera bientôt parce qu'elles seront logées dans des casernes élevées et bien aérées. La situation est meilleure aussi au point de vue de l'instruction. On peut maintenant passer à Kiao-tchéou l'examen de volontaires d'un an.

(2) Il y a 110 Européens non fonctionnaires.

VI

COLONIES ALLEMANDES SPONTANÉES D'AMÉRIQUE ET D'ASIE

L'un des principaux objets que poursuivait le gouvernement allemand en se lançant, après tant d'autres, dans la politique coloniale, c'était de dériver vers des terres allemandes le courant qui entraîne chaque année tant d'Allemands loin de leur patrie. Le chiffre de l'émigration par mer, qui dépassait 200 000 personnes en 1881 et 1882, montait encore à 115 000 en 1891, à 112 000 en 1892 (1). Il faut y ajouter l'émigration par les frontières de terre, si bien qu'on peut évaluer à plus de 2 millions et demi le nombre des sujets de l'Empire actuellement établis en terre étrangère, sans parler de ceux ou des fils de ceux qui ont pris la nationalité du pays qu'ils habitent. Ce dernier nombre doit être extrêmement considérable, puisque de 1832 à 1892 on calcule que Brême a vu partir près de 3 millions d'émigrants, et Hambourg plus de

(1) Ces chiffres ont beaucoup baissé dans les dernières années. 17 173 Allemands sont partis en 1898 des ports allemands, 3 664 d'Anvers et autres ports étrangers. De janvier à juin 1899, l'émigration a été de 11 544, chiffre supérieur à celui de la période correspondante de l'année précédente. Mais pour toute l'année il n'y a eu que 20 966 émigrants, le chiffre le plus bas depuis 19 ans.

2 millions. Une telle alluvion humaine, si elle se déversait sur des territoires où flotterait le pavillon allemand, ferait de l'Allemagne une puissance coloniale de tout premier ordre.

C'est un espoir auquel il lui faut renoncer : les lecteurs qui nous ont suivi jusqu'ici ont pu s'en rendre compte aisément. Pour pouvoir créer de grandes colonies de peuplement, l'Allemagne s'est éveillée trop tard à l'action coloniale. Toutes les bonnes places, tous les territoires habitables à l'Européen étaient déjà occupés par l'Angleterre, la Russie, la France. Il ne reste plus actuellement de places vacantes dans les régions tempérées (1). Parmi les nouvelles acquisitions de l'Allemagne, seule l'Afrique du Sud-Ouest peut recevoir un petit nombre de blancs, et encore au prix de difficultés immenses ; peut-être aussi, mais dans un avenir lointain, les hauts plateaux de l'Est-Africain. Le reste ne peut être considéré que comme colonies de commerce et de plantations.

Aussi l'émigration allemande à destination des colonies allemandes est-elle à peu près nulle. Il n'y a pas actuellement beaucoup plus de trois mille Allemands dans l'ensemble des *Schutzgebiete* (2). Ce n'est donc pas vers les colonies impériales, c'est toujours vers les colonies spontanées, vers les groupes allemands de l'étranger que se dirige le flot des émigrants. Nous laisserons de côté celles de ces colonies qui sont établies dans des pays européens, tels que la Hongrie ou la Russie (y compris la Transcau-

____

(1) A l'exception du Maroc, mais il est à espérer que la France ne laissera pas s'y établir une nation rivale.

(2) 3 400, d'après les derniers documents (sur 5 000 blancs).

casie). Nous ne reviendrons pas sur les groupes de l'Afrique du Sud et de l'Océanie ; nous nous occuperons maintenant de ceux de l'Amérique et de la Palestine.

Amérique du Nord. — C'est en 1684 que fut créée la première colonie allemande en Amérique, à Germanopolis (ou Germantown) en Pennsylvanie, aujourd'hui simple faubourg de Philadelphie. Les premiers groupes furent accrus, en 1849, par l'arrivée des exilés politiques. Actuellement, on compte près de 3 millions d'Allemands aux États-Unis, soit 4,6 o/o de la population totale, et 30,10 o/o des habitants nés à l'étranger. De 1887 à 1892 seulement, près de 600 000 ont débarqué dans les ports des États-Unis, qui absorbent à eux seuls les 94 centièmes de l'énorme émigration allemande. Les Autrichiens, les Suisses allemands, les Russes des provinces baltiques se confondent plus ou moins, au delà de l'Atlantique, avec les Allemands.

Les colonies allemandes (1) ne sont pas disséminées sur toute l'étendue de l'Union. A part celles du Texas, on n'en trouve pour ainsi dire pas une seule dans les États situés

(1) Voy. dans l'atlas colonial de Langhans une carte indiquant le pourcentage de la population allemande *par comté*. Les Allemands nés en Allemagne étaient aux États-Unis :

En 1860	1 301 130	soit 4,06 o/o de la population	et 30,83 des étrangers
— 1870	1 690 410	— 4,38	—	30,37	—
— 1880	1 966 740	— 3,92	—	29,44	—
— 1890	2 784 890	— 4,45	—	30,10	—
— 1900	2 993 000	— 4,6	—	32	—

J'extrais ces renseignements de Langhans *Alldeutscher Atlas*, qui reproduit d'ailleurs la carte du *Kolonial Atlas*. L'an dernier, 17 272 Allemands ont débarqué aux États-Unis.

au sud du confluent de l'Ohio avec le Mississipi, ni dans les États les plus septentrionaux de la Nouvelle-Angleterre (Maine, Vermont, New-Hampshire, Massachusets), ni dans la Virginie, ni dans l'Utah et l'Idaho. Elles se groupent surtout au sud et à l'ouest des grands lacs ; elles forment des groupes compacts dans le Wisconsin (17 o/o de la population) et le Minnesota, où certains comtés ont 3o à 35 pour 100 de leur population formée d'Allemands, dans l'Illinois, le Michigan, l'Indiana, l'Ohio, l'Iowa, les deux Dakota, le Nebraska, le Missouri. Ces États forment essentiellement le domaine allemand de l'Amérique-Nord, surtout si on y ajoute, dans la province canadienne du Manitoba, entre Winnipeg et la frontière, les colonies fondées par des Mennonites, Allemands et Russes-Allemands, qui sont venus y chercher un suprême refuge contre les exigences du service militaire (1).

Entre cette masse compacte et l'Atlantique, le germanisme a semé quelques groupes le long des lacs (près de Détroit, de Toronto (2), de Buffalo, d'Albany) et près des ports où débarquent les immigrants, dans les États de Pennsylvanie (553 000), de New-York (262 000), et de New-Jersey. On en retrouve quelques-uns près de San-Francisco. Dans le sud, un groupe important s'est formé

----

(1) Les Allemands et descendants d'Allemands sont 12 000 dans le Manitoba (en y comprenant 6 000 Russes). Deux villes, Hannover et Rheinland, ont une population (respectivement 2 000 et 4 000 habitants) entièrement allemande ; Douglas et Hespeler ont 95 o/o d'Allemands.

(2) Dans l'ensemble du Canada les Allemands sont 307 000, soit 7 o/o de la population, mais une trentaine de mille seulement nés en Allemagne. Ils sont 215 000 en Ontario, 44 000 en Nouvelle-Écosse ; les villes de Neu-Deutschland et Petite-Rivière ont 70 et 86 o/o d'Allemands.

dans le Texas (60 000), entre le port de Galveston et le Rio Grande.

Les premiers Allemands qui vinrent en Amérique y vinrent comme fermiers, dans les États du centre et de l'ouest : ils appartenaient en majorité au luthéranisme. Aujourd'hui, ce sont surtout les classes inférieures qui émigrent, et ces émigrants viennent s'établir de préférence dans les villes comme ouvriers, marchands détaillants, cabaretiers ; ils appartiennent, par quantités croissantes, à la religion catholique, et c'est en partie à eux, autant qu'aux Irlandais, qu'est dû le développement de l'Église catholique en Amérique. Par eux certaines villes, ou du moins certains quartiers des villes, sont complètement germanisés. Les Allemands nés dans l'Empire forment près du tiers de la population à Milwaukee (57 000 nés en Allemagne, 135 000 Allemands en tout) environ le quart à Newark, Davenport (Iowa), Quincy (Illinois), de 15 à 20 pour 100 à Chicago (176 000 nés en Allemagne, et en tout 407 000 Allemands), à New-York, à Toledo, Détroit, Cincinnati, Grand-Rapids, Dubuque. Toutes ces villes, et beaucoup d'autres, ont leurs églises allemandes, catholiques ou protestantes (parfois l'une et l'autre), leurs écoles allemandes, leurs journaux allemands. Dans quelques-unes, la connaissance de l'allemand est presque aussi utile que celle de l'anglais (1).

Les Allemands forment des groupes assez cohérents,

(1) C'est ici qu'importe surtout la considération du chiffre total des Allemands, nés en Allemagne ou en Amérique, ayant tous plus ou moins conservé leur langue. Ainsi comptés, ils forment alors 66 o/o de la population de Milwaukee, 57 o/o de celle de Hoboken.

grâce à leur habitude de l'association. Une demi-douzaine
d'Allemands ne peuvent être réunis dans une ville américaine sans constituer immédiatement entre eux une
multitude de *Vereine* : sociétés de gymnastique, de chant,
beuveries fraternelles, etc. Ils entretiennent le sentiment
national par des fêtes, des processions, accompagnées de
lieder nationaux. Mais cette cohésion ne persiste guère
au delà de la première génération : ils se laissent ensuite
gagner par le milieu ambiant, s'américanisent très vite,
donnent à leur nom une désinence anglo-saxonne, et
reviennent en Europe transformés en parfaits Yankees.
« Le fils né en Amérique d'un Allemand est déjà complètement un Américain par les sentiments et les apti-
tudes (1). » Ils renoncent d'autant plus facilement à leur
nationalité d'origine pour entrer dans les communautés
américaines, qu'ils ont hâte d'agir sur les affaires publi-
ques, comprenant, avec leur remarquable sens pratique,
les rapports nécessaires qui unissent, surtout en pays
démocratique, la politique et les affaires privées. Mais,
s'ils deviennent citoyens américains, ils ne forment pas,
comme les Irlandais, un groupe politique compact ; ils
entrent, au gré de leurs préférences, dans l'un ou l'autre des
grands partis américains, ce qui achève de les dénationa-
liser. Les exilés de 1849, généralement antiesclavagistes,
entrèrent dans le parti républicain, qui a l'adhésion de la
plupart des fermiers allemands. Dans les villes, au contraire,
les Allemands sont plutôt démocrates, et ce pour deux raisons : 1° le parti républicain proscrit le commerce des bois-

---

(1) BRYCE, *American Commonwealth*, t. II, p. 35 et 36.

sons alcooliques, en particulier de la bière : 2° l'Église catholique est l'alliée tacite du parti démocrate. On pense cependant que les 5/9 des suffrages allemands vont encore au parti républicain, les 4/9 au parti démocrate (1).

Quoi qu'il en soit, ces Allemands sont plus ou moins complètement perdus pour l'Allemagne. On ne voit même pas qu'ils aient très sérieusement influé pour modifier la politique (par exemple, la politique douanière) de l'Union dans un sens plus favorable à l'Empire allemand. Le plus grand service qu'ils rendent à leur ancienne patrie, c'est de constituer un groupe important d'acheteurs pour les produits allemands, de commis-voyageurs pour les marques allemandes. C'est grâce à eux que l'importation allemande aux États-Unis, malgré les rigueurs des tarifs, a pu rester si considérable : elle est encore de 10 à 20 pour 100 de l'importation totale.

Les États-Unis absorbent la plus grande partie de l'émigration allemande : 13 869 sur les 17 173 Allemands qui sont partis des ports allemands en 1898, et 3 400 sur les 3 660 qui sont partis des ports étrangers.

Amériques du Centre et du Sud. — En dehors des États-Unis, le principal centre de la colonisation allemande en Amérique, c'est le Brésil méridional. Environ 50 000 Allemands (2) vivent au Brésil, qui a reçu près de 15 000

---

(1) La guerre du Transvaal paraît avoir eu pour effet de faire des électeurs allemands un parti compact. Ils sont avec les Irlandais au premier rang de ceux qui excitent les passions anti-anglaises. Ce mouvement va naturellement les rapprocher de plus en plus des démocrates.

(2) Il s'agit des colons qui sont encore considérés comme Allemands. Mais l'ensemble des colons de race allemande était déjà évalué, en 1887 (*Écon. franç.*, 23 juillet 1887), à 100 000, dont 60 000 dans le Rio Grande. Lang-

émigrants de Brême et de Hambourg de 1887 à 1892. Ces chiffres sont loin d'être aussi considérables que ceux que nous ont fournis les États-Unis ; ils ont leur valeur, si l'on réfléchit que, dans l'ensemble, le Brésil est un pays peu peuplé, et que les colonies allemandes y sont concentrées presque exclusivement dans les troits États voisins du Parana, de Santa-Catharina et de Rio Grande do Sul où les originaires d'Allemagne sont peut-être les 28 pour 100 de la population. L'importance de ces colonies n'est dépassée que par celle des colonies italiennes.

La colonisation allemande au Brésil remonte au début du siècle. C'est en 1818 que fut essayée, dans l'État de Minas Geraes, la déplorable entreprise des colonies du Mucury, vouée à un échec éclatant et presque complet, véritable trafic de chair humaine : les malheureux émigrants, jetés sans ressources sur une terre où rien n'était préparé pour les recevoir, périrent en masse (1). Il en fut à peu près de même d'Ilheos, fondée en 1825. Ces régions, situées au nord du tropique, ne pouvaient devenir des colonies de peuplement (2). C'est seulement au sud du 20°, dans la partie méridionale d'Espirito-Santo, que l'on trouve encore 6 000 Allemands à Leopoldina, 1 200 à Santa-Izabel, quelques groupes à Petropolis, près Rio.

hans prétend qu'ils sont 1 000 000. Les recensements officiels transforment naturellement ces Allemands en Brésiliens. Il y a eu 733 départs pour le Brésil en 1898, 785 en 1899.

(1) Il reste quelques colons à Theophilo-Ottoni, à Urucu (Hollandais), à Leopoldina (Suisses, ne pas confondre avec Leopoldina près de Rio). Ce sont des planteurs.

(2) Il y eut même un essai de colonisation près de Pernambuco, à Catuca.

Il y a aussi des Suisses allemands dans Saô-Paulo. Ce sont encore des colonies tropicales, des colonies à plantations. Avec celles des Russes allemands, dans le Parana, commence la véritable colonisation agricole, et, au sud du 26° degré, les colonies allemandes deviennent très nombreuses et très populeuses. Elles se pressent surtout le long de la côte, avec les noms moitié portugais moitié allemands de Joinville, Neudorf, Blumenau, Saô-Bento, Badenfurt (colonies de Dona Francisca, 20 000 colons), où la proportion des Allemands varie de 50 à 90 pour 100. Puis elles pénètrent dans l'intérieur, entre la Sierra Geral et le Rio Jacuhy, avec Germania, Hamburgerberg, Santa-Cruz, qui ont leur débouché à Porto-Alegre (colonies de Saô-Leopoldo, 25 000 colons), avec un dernier groupe au S.-O. de la lagune dos Patos (Neu-Birkenfeld). La plupart de ces colonies, entre lesquelles viennent souvent s'insérer des colonies italiennes, doivent leur origine première à l'Union coloniale de Hambourg (*Hamburg-Kolonisations Verein*, qui fonda Joinville en 1849) et à quelques particuliers (comme Blumenau, qui fonda la colonie de ce nom en 1852). Aujourd'hui elles sont surtout alimentées par la Société hambourgeoise de navigation pour l'Amérique du Sud (*Süd-Amerika-Dampfschiffahrt-Ges.*) et par quelques autres compagnies d'émigration, qui achètent aux États de Santa-Catharina et de Rio Grande des terres boisées, autant que possible à proximité des rivières navigables et des centres d'exportation et de distribution. Elles découpent les colonies en lots (*Schneize*) qu'elles revendent aux immigrants. Ailleurs, la Compagnie conserve un territoire qu'elle fait administrer par un directeur, et sur lequel elle emploie les immigrants comme fermiers, ouvriers agricoles ou même ouvriers d'industrie.

Les habitants de ces colonies(1) vivent, comme les Brésiliens eux-mêmes, de haricots noirs, de farine de manioc, de *xarqué* (viande séchée au soleil), de maté. Mais ils ont introduit les légumes d'Europe, choux, (choucroute) et pommes de terre, les volailles (poules et oies) ; ils fabriquent du beurre, qui a remplacé le beurre conservé anglais, du vin (comme les Italiens leurs voisins), de la bière. Les plus importantes brasseries sont à Porto-Alegre. Ils se sont emparés du commerce d'importation du Rio Grande et de Santa-Catharina, aussi le nombre des produits allemands consommés dans le Sud-Brésil augmente d'année en année.

Ces colonies sont donc très prospères (2). La plus importante, Blumenau, qui avait 18 000 habitants en 1888, en a 40 000 : elle a plus que doublé en dix ans ; Brusque, sur le petit Itajahy, en a déjà 10 000, et il est question de relier ces deux villes au port d'Itajahy par une voie ferrée. Ces colonies exportent du beurre (454 000 kilos par ans), du manioc, du lard, des fèves, du sucre, du rhum, du tabac. En 1898 elles ont envoyé à Hambourg et à Brême pour 8 millions de marks de cigarettes, plus du tabac en feuilles. Quel est celui des *Schutzgebiete* qui fournirait un pareil bilan ?

Comme cette colonisation a un caractère surtout agri-

(1) Voy. W. Breitenbach, *Ueber das Deutschthum in Süd Brasilien* (Hambourg, 1887), un peu ancien, mais très vivant, et l'atlas Langhans.

(2) *Économiste franç.*, 18 mars 1899. Les chiffres cités ci-dessus me paraissent sujets à caution.

cole, et que la majorité des Allemands vit dans des fermes (*parcerias* ou *fazendas*), elle se défend mieux qu'aux États-Unis contre les influences ambiantes, d'ailleurs moins puissantes (1). Surtout, les femmes sont nombreuses parmi les immigrants, et la *deutsche Hausfrau*, transportant dans la région subtropicale ses habitudes ménagères et culinaires, contribue au maintien de la nationalité. Elle assure l'avenir de la race en donnant à son mari 8, 10, quelquefois 12 ou 15 enfants. Les mariages mixtes, assez rares, ont lieu presque exclusivement entre Allemands et Brésiliennes ; ils ont d'ailleurs presque infailliblement pour résultat la disparition du type ethnique allemand. La langue allemande, conservée par les sociétés locales, par les agences des trois grandes sociétés allemandes qui poursuivent une œuvre analogue à celle de notre *Alliance française*, la Fédération pangermanique (*Alldeutscher Verband*), la Société coloniale (*Kolonialgesellschaft*), l'Union scolaire allemande universelle (*Allgemeiner Deutscher Schulverein*), par les églises (surtout luthériennes), depuis quelque temps par les écoles (une *Realschule* à Porto-Alegre, un *Höhere Lehranstalt* à Saô-Leopoldo, un orphelinat ou *Waisenhaus*, à Taquary, etc.) et par les journaux, est presque seule usitée à Blumenau, à Joinville et dans le district allemand de la Serra Geral. D'autres colonies, au contraire (2), usent d'un jargon à moitié portugais.

Si les caractères ethniques se conservent mieux qu'ail-

---

(1) Dans cette région de colonisation agricole non tropicale, l'esclavage était rare. Le blanc s'est mis tout de suite au travail de la terre et s'est fixé au sol.

(2) Surtout celles du Rio-Negro.

leurs, les rapports avec la mère patrie sont très lâches, sauf au point de vue commercial. Les anciens colons ont complètement oublié l'Allemagne. Chez les jeunes, le patriotisme se réduit à célébrer la fête du Kaiser, dont le portrait se trouve généralement dans les fermes, à côté de celui du chancelier de fer. Ces liens ont été rendus encore plus ténus par la loi brésilienne de 1880, qui a donné l'éligibilité aux naturalisés et aux non-catholiques ; cette loi a permis aux Allemands d'exercer une action politique dans leur nouvelle patrie. En 1887, ils avaient déjà trois députés à la législation de Rio Grande, quoique le nombre des naturalisations fût encore peu élevé (1). La révolution, en donnant aux États une large autonomie, a fortement accru l'importance de l'élément allemand dans le sud. Les États de Santa-Catharina et de Rio Grande tendent à devenir, non pas certes des colonies allemandes, mais des colonies d'Allemands. L'Allemagne y gagne, dès à présent, de faire près du tiers du commerce de ces deux États, et près des 40 pour 100 de celui de l'État voisin du Parana. Elle évince peu à peu du Brésil entier l'Angleterre et la France. Elle n'a donc pas tout perdu à envoyer un si grand nombre de ses fils dans des terres que n'abrite point son drapeau (2).

Paraguay, Plata, Chili. — Si nous laissons de côté le Brésil, terre d'élection du germanisme dans l'Amérique-

(1) Ce nombre doit être très considérable si les chiffres donnés par Langhans (que je soupçonne d'exagération) sont vrais : 400 000 individus de race germanique dont 50 000 seulement seraient sujets de l'Empire.

(2) Les impérialistes nord-américains affectent de redouter une intervention allemande au Brésil. Il n'y a là, croyons-nous, qu'un stratagème électoral.

Sud, nous pouvons citer encore un certain nombre de colonies. Dès 1842-1847, des tentatives avaient été faites dans le British-Honduras, à Friedau et Saint-Thomas, puis à Haïti (Puerto-Plata) et sur la côte des Moskitos. Une société spéciale pour l'Amérique centrale (*Kolonialges. für Central-Amerika*) fonctionna même à Königsberg et Berlin de 1843 à 1855, et une colonie fut en activité à Albina de 1853 à 1856. Mais ces entreprises en pays tropical ont médiocrement réussi. Le vrai mouvement de colonisation s'est produit dans les États voisins du Brésil méridional. Au Paraguay, on cite Neu-Germanien et San-Bernardino, créations d'une société de Leipzig (*Leipziger Süd-Amerika Kolonialges.*). Dans la République Argentine, entre Santa-Fé, Rosario et Entre-Rios, un groupe assez important est formé par les villages de Humboldt, Esperanza et San-Carlos. Quelques autres établissements allemands et russes-allemands sont comme perdus au milieu des colonies italiennes bien plus nombreuses. Au sud du Rio de la Plata, les Russes allemands sont concentrés à Olavarria et à Tornquist. Il peut y avoir 3 000 Allemands (en 1898 il y a eu 566 départs pour la Plata) dans la République Argentine (on y compte au bas mot 30 000 Français et près de 100 000 Italiens). Ils sont un peu plus de 2 000 au Paraguay (15 000 Français). Ces colonies sont donc loin d'avoir l'importance de celles du Brésil.

Au Chili, où les Allemands sont près de 10 000 (7 o/o de la population), on rencontre deux groupes notables : 1° Au sud de Valdivia, autour du lac de Llanquihe, les colonies de los Ulmos, la Union, Rio Bueno, San Juan

Osorno et la mission catholique de Neu-Braunau. Ces colons sont en grand nombre hôteliers ou distillateurs; deux vapeurs allemands naviguent sur le lac. Des écoles allemandes fonctionnent partout. Non loin de là, dans le golfe de Reloncavi, ce sont des colonies de pêcheurs, avec treize villages allemands et la petite ville de Puerto-Montt. 2° Dans l'Araucanie, la colonie de Traiguen, avec onze villages. On classe généralement comme Allemands les 500 Autrichiens établis à Pozuzu, au Pérou.

Ces colonies contribuent à fortifier la situation de l'Allemagne en Amérique. En dehors des compagnies de colonisation proprement dites, on peut citer la Compagnie hanséatique de plantations au Guatemala (de Hambourg) et la Société commerciale du Centre-Amérique, qui opère surtout au Honduras. Sept grandes compagnies de navigation relient à Brême et à Hambourg les ports des deux Amériques du Centre et du Sud(1). Cette activité commerciale est puissamment entretenue par des institutions dont l'Allemagne a su tirer si grand parti, les banques d'outre-mer : Banque brésilienne pour l'Allemagne, à Rio, Santos et Saô-Paulo; Banque allemande d'outre-mer à Buenos-Ayres; Banque pour le Chili et l'Allemagne à Valparaiso. L'influence allemande est répandue par les missions évangéliques ou catholiques et par les écoles à Mexico (cependant le germanisme est faible et dispersé au Mexique), à Rio, à Valdivia, et dans toutes les colonies allemandes ci-dessus énumérées. En dehors de ces colonies, on imprime des journaux allemands à Mexico, à

____

(1) *Hamburg-Amerika, Hamburg-Pacific, Hamburg-Südamerikan., Nord-Deutscher Lloyd, Freitas Linie, Kosmos, Hansa.*

Rio, à Buenos-Ayres, à Valdivia, et à Ascension. Chacune de ces villes a, il est vrai, ses journaux anglais et français. Mais, quand on pense à la date relativement récente du germanisme dans ces contrées, on ne peut se défendre d'une réelle inquiétude.

Colonies allemandes de Palestine. — Parmi toutes les colonies spontanées du peuple allemand, les moins curieuses ne sont pas celles de Palestine (1). Elles doivent leur origine au mouvement religieux dit des templiers allemands, inauguré en 1868 par Christophe Hoffmann. Formée de petits paysans wurtembergeois, qui placent au premier rang de leurs devoirs religieux une stricte moralité et le travail des mains, cette secte a donné naissance à de petites colonies très prospères, de type agricole. Le schisme qui les a divisées, vers 1869-70, en deux observances, celle de Haïfa et celle de Jaffa, les a fait essaimer dans d'autres localités et leur a donné une force nouvelle. A ces templiers sont venus s'agréger d'autres Allemands, attirés par le succès des premières colonies.

La colonie de Haïfa, située à moins de deux kilomètres au nord de la ville, comprend 300 templiers et 200 Allemands n'appartenant pas à l'ordre. Les colons y possèdent de vastes champs et des vignobles sur les flancs du mont Carmel, une brasserie, une fabrique de soie, une maison de prière et des écoles. Il est à noter que les consulats allemand, anglais, américain sont sur le territoire de la colonie.

(1) Récemment étudiées par M. P. Mille dans les *Annales de géographie* du 15 mars 1899, p. 160 et suiv.: *Colonies juives et allemandes de Palestine*. J'ai complété cette étude au moyen des renseignements fournis par l'Atlas Langhans.

Un petit groupe de templiers existe aussi à Beyrouth, autour d'un hôpital allemand. Mais on en trouve 3oo, augmentés de 2oo autres Allemands, à Jérusalem, ou plutôt à Rephaïm, un peu au sud de la ville, sur la ligne du chemin de fer de Jaffa, où ils ont un moulin, un entrepôt de vins, une brasserie, une école élémentaire et une école supérieure. Ces diverses colonies sont administrées, au spirituel par le fils du fondateur, au temporel par un architecte.

Le schisme a produit deux autres essaims. administrés par un chef religieux distinct, à Jaffa et à Sarona. La colonie de Jaffa, qui compte 2ǒo templiers, a d'importants vignobles : elle possède une école dite « pour le maintien du germanisme (1) ». Elle est limitrophe de celle de Sarona (2ǒo templiers), établie sur les deux rives de l'oued Miserara, et qui possède une annexe au nord, à Sommail, dans la vallée du Nahr-el-Audjeh.

Par principe, les templiers, vivant en dehors de la loi écrite, avaient renoncé à leur nationalité allemande et n'entretenaient aucun rapport avec leur patrie d'origine. Les conflits qui pouvaient éclater entre colons étaient réglés par les colons eux-mêmes. Mais, lorsqu'ils eurent des contestations avec des étrangers, les templiers furent bien obligés de réclamer l'intervention du consul d'Allemagne ; d'autre part, nous avons vu que des éléments non templiers s'étaient glissés parmi eux : ces nouveaux venus (aujourd'hui le quart de la population totale) n'avaient aucun scrupule à s'adresser aux autorités impé-

---

(1) *Schule zur Erhaltung des Deutschthums.*

riales. L'Allemagne comprit qu'une clientèle travailleuse, aisée, paisible, s'offrait à elle, et elle s'en empara. Les colons de Palestine furent officiellement dispensés du service militaire, ce qui permit de ne pas les considérer comme des déserteurs. Cette exemption aura probablement pour effet d'accroître le mouvement d'immigration ; aussi prête-t-on à Guillaume II l'intention de demander au sultan des concessions, où viendront se fixer les nouveaux essaims. Le sentiment national et loyaliste s'est réveillé chez les colons, et c'est au milieu d'une haie d'Allemands, vignerons, brasseurs, paysans, que l'empereur a récemment accompli sa montée triomphale de Jaffa à Jérusalem. Il a bu, sous les arcs de triomphe, du vin du Carmel et de la bière de Haïfa, et il a trouvé dans la présence de ces deux milliers de colons allemands en Terre-Sainte un motif de plus pour y établir son influence religieuse, politique et commerciale.

Son voyage a immédiatement porté des fruits : on vient de créer une *Union évangélique allemande* pour la colonisation de la Palestine, qui va acheter des terrains à Ascalon, et qui possède un capital de 100 000 M., en mille actions de 100 M., déposé à la Banque allemande de Palestine. Les bénéfices, au delà d'un intérêt de 4 pour 100 servi aux actions, seront versés à la caisse de la colonie (1).

(1) Il existait déjà, du côté catholique, à Paderborn un *Palestinaverein* (qui publie une revue spéciale, *Das Heilige Land*), fondé pour favoriser le développement des missions en Syrie. Depuis le voyage de Guillaume II, des efforts sont faits également pour étendre le protectorat allemand sur les colonies juives, qui sont surtout de création française.

HAUSER. 9

CONCLUSION

———

Quand on songe qu'il y a quinze ans l'Allemagne ne possédait pas un pouce de terre hors d'Europe, et qu'aujourd'hui ses domaines couvrent 2 millions et demi (1) de kilomètres carrés, habités par plus de 16 millions d'hommes, on ne peut s'empêcher d'admirer l'œuvre si rapidement accomplie.

Cette œuvre est due, en grande partie, à l'initiative privée. Ce sont des aventuriers hardis et sans scrupules, des *conquistadores* à l'ancienne mode, ce sont des marchands de Hambourg ou de Brême, des épiciers ou des caoutchoutiers, des planteurs de cacao ou de café qui ont inauguré la plupart de ces entreprises. Plusieurs des nouvelles colonies ont été la propriété d'une grande compagnie avant de devenir un protectorat impérial, et l'une d'elles, la Nouvelle-Guinée, n'est rentrée que d'hier dans le droit commun des *Schutzgebiete*.

Les efforts de ces sociétés diverses étaient décuplés par celui d'un véritable parti colonial, qui se forma vers

(1) Exactement 2 663 000 d'après les derniers documents officiels. Depuis 1898, cet empire s'est accru de 21 000 kq.

1880 (1), et trouva tout de suite un centre dans le *Deutscher Kolonial Verein*, fondé en 1882.

En 1884 une autre société, fondée par Peters (*Gesellschaft für deutsche Kolonisation*) était déjà assez forte pour imposer ses vues au gouvernement dans l'affaire de l'Est-Africain (voy. ch. IV). Les deux sociétés fusionnèrent en 1887 pour former, sous la présidence du prince de Hohenlohe-Langenburg, la puissante *Deutsche Kolonialgesellschaft* (2). Elle compte aujourd'hui 32 000 membres : la cotisation étant au minimum de 6 M. (3), ce chiffre donne une haute idée de l'importance du mouvement colonial en Allemagne. Elle se divise en 331 sections, groupées en cinq grandes fédérations régionales. De ces sections, neuf sont hors d'Allemagne : deux dans des colonies allemandes, à Bagamoyo et à Apia ; quatre en Europe, dans les ports et centres d'émigration, Anvers, Paris, Londres, Palerme ; une à Chicago, au milieu du domaine allemand des États-Unis ; deux en Extrême-Orient, à Tokio et Batavia. Elle publie un journal hebdomadaire, la *Kolonialzeitung*, qui tire à 40 000. Elle a toujours pour présidents des princes ; elle entretient des rapports officiels avec la section coloniale de l'office impérial des affaires étrangères. Le souverain ne dédaigne pas de faire des politesses à la Société : il fait appel à son concours quand il veut soulever devant

(1) Dès 1871, des commerçants et des financiers essayèrent vainement de pousser Bismarck à nous enlever nos établissements de l'Inde ou la Cochinchine.

(2) DECHARME, *Le Mouvement colonial en Allemagne* (*Quest. dipl. et col.*, 1900, p. 129). La société a aujourd'hui pour président le duc de Mecklenbourg-Schwerin.

(3) Plus 2 à 4 M. pour les frais des sections locales.

l'opinion une grande question impériale. Par exemple, la *Kolonialzeitung* et les sections de la Société (1) ont joué tout récemment un rôle de premier ordre dans la campagne pour l'augmentation de la flotte.

Non seulement la revue revenait sans cesse sur ce sujet dans son texte, mais elle insérait dans chaque numéro un supplément de 4 pages intitulé *Die deutsche Flotte*, mais elle y encartait de petites brochures populaires à 10 pfennig, ornées d'un dessin grossier qui représente le blocus des côtes allemandes et pourvues de ce titre émouvant : « Pourquoi chacun dans le peuple a-t-il intérêt à une forte flotte allemande? » Sur ses cartes d'adhésion, avec cet art de la réclame que le commerce allemand possède à fond, elle prodigue les invitations pressantes : « A ceux qui ont à cœur la position de l'Allemagne dans le monde ; à ceux qui veulent créer de nouveaux débouchés au commerce national et à l'industrie allemande ; à ceux qui veulent conserver à la patrie la force productive et le capital des émigrants, répandre dans des cercles de plus en plus étendus le christianisme et la civilisation ; à ceux qui rêvent un développement fécond pour les territoires ouverts par les savants et les marchands allemands, conquis par la puissance militaire allemande. » Quel Allemand resterait sourd à de si pathétiques objurgations ?

Elle a créé un comité d'économie coloniale (*Kolonial-wirtschaftliches Komitee*), dont la fonction est d'organiser des missions commerciales ou colonisatrices. Les souscriptions reçues par la *Deutsche Bank* montaient à 7 000 M.

---

(1) Quelques-unes publient des bulletins spéciaux.

sur la première liste, parue le 28 septembre dernier. La Société publie, depuis le mois d'août dernier, un périodique nouveau (20 numéros par an), de caractère plus scientifique, moins éphémère que son journal, sous le titre de *Beiträge zur Kolonialpolitik und Kolonialwirtschaft.*

L'empereur ne manque pas une occasion de féliciter la Société de son action (1). Cependant cette touchante communauté d'idées entre le gouvernement et le parti colonial n'a pas toujours existé. Le chancelier de fer ne fut pas d'abord très sympathique à ce mouvement (2). « Je ne suis pas un colonial », disait-il. Mais il comprit vite que, « en un temps où le globe se partage et où il ne restera bientôt plus un îlot du Pacifique ou un arpent de l'Afrique sans maître, il convenait de se décider (3) ». Le système des compagnies à charte ne se trouva pas, à l'user, valoir ce qu'on en avait espéré. Et c'est ainsi que l'Empire allemand devint un peu à son corps défendant, un État colonial.

Son œuvre a-t-elle été mieux menée que celle des autres États coloniaux ? L'esprit tatillon de l'administration centrale, les rivalités entre administrations différentes, les perpétuels changements de système, la multiplication des fonctionnaires (4), les expéditions militaires plus coûteuses qu'utiles, les mesures douanières inspirées par un protec-

(1) Voy. la lettre impériale du 18 novembre dernier : « La fidèle collaboration de la Société coloniale allemande à cette œuvre nationale m'est extraordinairement précieux, et peut être assurée en tout temps de ma vive reconnaissance. »

(2) Voy. Ch. ANDLER, *Le Prince de Bismarck*, p. 269 et suiv.

(3) Ch. ANDLER, p. 281.

(4) *Id.*, p. 282.

tionnisme maladroit, les travaux publics mal conçus, les programmes établis à Berlin par des gens qui ne connaissaient pas l'Afrique, et qui prenaient le chemin de fer de Tanga à Muhesa pour la ligne de Berlin à Leipzig : l'Allemagne a souffert de ces maux tout comme nous. Bismarck s'était vanté, en une phrase méprisante, de ne pas faire de colonisation *à la française*. Cependant, nous dit son plus récent biographe (1), « comme nous, les Allemands ont maintenant leur hiérarchie de fonctionnaires coloniaux plus soucieux d'épier les volontés des ministres que de défendre les intérêts des colons. Comme les nôtres, ces fonctionnaires, mal préparés souvent à leur besogne, y sont aussi médiocrement attachés. Ils débutent au Cameroun, pour compléter leur apprentissage à Delagoa et l'achever en Nouvelle-Guinée. Et leurs officiers, comme les nôtres, pour prouver leur crânerie (*Schneidigkeit*), provoquent avec les indigènes les querelles sanglantes qu'ils sont chargés d'empêcher (2) ».

On se plaint, là-bas comme chez nous, « que les gouverneurs, au lieu de s'attacher à satisfaire les besoins du pays et des habitants, appliquent des systèmes économiques qu'ils ont apportés avec eux d'Europe, sans être cependant assez intimement familiarisés avec les difficultés des questions économiques. On désire que la métropole assure à la jeune colonie une troupe de protection, une administration judiciaire et douanière, mais que pour le reste elle établisse un *selfgovernment* sur le modèle

(1) Voy. Ch. Andler. *Le Prince de Bismarck*.

(2) Ajoutons que l'Allemand, dans ses rapports avec les indigènes, apporte une morgue hautaine qui rend toute assimilation impossible.

anglais (1) ». « Bureaukratismus, Assessorismus », tels sont les principaux vices du système colonial allemand.

En Allemagne, comme chez nous, l'administration coloniale coûte cher. L'Empire a dépensé pour ses colonies 3 millions de M. en 1890, 9 1/2 en 96, 8 en 97, et 23 288 000 en 1898. Les colonies n'ont contribué à leurs propres dépenses que pour 4 435 000 M. Et les coloniaux trouvent que les subventions sont insuffisantes. Chacun se plaint que la mère patrie traite *sa* colonie, Cameroun, Togo, en marâtre (*stiefmütterlich*).

Il serait prématuré de vouloir porter un jugement d'ensemble sur les colonies allemandes. Telles qu'elles sont, elles présentent une valeur à peu près nulle comme colonies de peuplement : l'Allemagne n'a l'équivalent ni du Canada, ni de l'Algérie, ni de l'Australie, ni même du Cap et de Madagascar. Comme colonies de commerce, comme débouchés ouverts à l'industrie allemande, aux cotonnades silésiennes, à la bimbeloterie de Pforzheim, à la mercerie, à la quincaillerie, à la distillerie hambourgeoises, les colonies les plus peuplées, Togo, Cameroun, Est-Africain, seront un excellent champ d'action. Encore faut-il observer que, nées trop tard dans un continent trop vieux déjà, ces colonies sont mal dessinées et que, dans aucune d'entre elles, le domaine économique des ports allemands de la côte ne réussit à couvrir entièrement le territoire dévolu à l'Allemagne ; leurs frontières présentent des fissures par où s'infiltrent les produits anglais, belges, français, par où une partie des produits

____

(1) Von USLAR, *lieu cité*.

locaux qui pourraient payer les marchandises allemandes s'écoulent vers le Niger, le Congo, l'Ouganda. Seul, le nouvel établissement de Kiao-tchéou échappe à ces causes de faiblesse : il peut devenir un important centre de distribution des produits allemands au Japon et dans le Chan-toung, il peut assurer la suprématie commerciale de l'Allemagne, dans toute la partie de la Chine septentrionale qui ne sera ni russe ni anglaise. Il y a là, pour les industries allemandes, un débouché de tout premier ordre. Dès à présent, l'Allemagne vend à ses colonies pour 22 millions de marks par an.

Les progrès sont des plus rapides. Plus de 1000 maisons allemandes s'occupent déjà du commerce avec les *Schutz-gebiete*. En 1890, l'Est-Africain n'avait d'autre maison de commerce que la Société ; il y en a 13 aujourd'hui. Au Cameroun, le nombre des maisons a passé de 11 à 16, au Togo de 11 à 18, dans l'Afrique du Sud-Ouest de 12 à 23. Les constructions de chemins de fer au Chan-toung et en Afrique assurent, pour de longues années, de fructueuses commandes aux métallurgistes allemands.

Mais c'est surtout, en définitive, comme colonies de plantations que les *Schutzgebiete* ont une réelle impor-tance. Il ne faut pas, à cet égard, les juger sur ce qu'elles sont actuellement. Assurément, la petite exposition colo-niale que l'on voyait à Leipzig il y a trois ans aurait fait bien piètre figure à côté de nos jolies expositions de Paris 1889 et de Lyon 1894. Mais celui qui estimerait les colo-nies allemandes d'après les quelques noix de coco, les haricots et les grains de café exposés là-bas sans ordre et sans goût, d'après les quelques nègres grelottants que la foule saxonne contemplait avec un étonnement dépourvu de cordialité, celui-là se tromperait gravement. Les plantations allemandes sont dans l'enfance ; les millions enfouis dans le sol tropical n'ont pas encore eu le temps de fructifier ; les travailleurs, les voies de communication sont en nombre insuffisant ; les trop grandes concessions (affaires de spéculation sur les terrains plutôt que de colonisation) ne sont pas encore assez morcelées ; surtout les milliers de jeunes plants élevés dans les stations d'essai ou sur les plantations elles-mêmes ne sont pas encore en rapport. Mais qu'on attende quelques années, et l'on verra les colonies allemandes jouer un rôle prépondérant sur le marché du cacao et produire en quantités respectables le café, le caoutchouc, les huiles de palme et de copra, peut-être même le tabac et le coton. Elles ont déjà importé en Allemagne, en 1897, pour 11 millions de marks (1). Or c'est tout près d'*un milliard de francs* que l'Allemagne absorbe chaque année en denrées coloniales de toute espèce, et qu'elle est obligée actuellement de demander aux colonies des autres peuples : on voit quel immense débouché peut s'ouvrir chez elle pour ses propres colonies (2).

« Le fait, dit la *Deutsche Kolonial Zeitung*, le fait que le commerce entre l'Allemagne et ses colonies s'accroît constamment et sûrement, et que le travail et le capital allemands trouvent dans une mesure de plus en plus large

---

(1) Sans parler des marchandises coloniales allemandes introduites sous pavillon anglais.

(2) En 1890, le commerce total de l'Allemagne avec ses colonies n'atteignait pas 10 millions ; il était en 97 de 33 (avec le commerce allemand sous pavillon anglo-indien, on l'évaluait à 50 ou 60). En 98 il atteignait presque 40.

un emploi dans les territoires de protectorat, ce fait doit fortifier dans des cercles de plus en plus larges du peuple allemand cette opinion qu'en poursuivant notre politique coloniale nous sommes dans la bonne voie (1) ».

Pour nous, nous sommes surtout frappés par la rapidité de cette croissance. N'oublions pas, en effet, que l'Allemagne est la plus jeune de toutes les nations coloniales, et que c'est seulement en avril 1883 que le marchand brémois Adolf Lüderitz acheta, pour 2 000 marks et 200 vieux fusils, la première des colonies allemandes (2).

(1) N° 30 de 1899.

(2) 39 navires, jaugeant 66 000 t., sont entrés en Allemagne venant des colonies en 1898. Ces colonies ont reçu d'Allemagne 46 navires et près de 77 000 t. — 30 sociétés anonymes, représentant un capital de 110 625 800 marks, sont à l'œuvre dans les colonies allemandes. — A l'heure actuelle, le *Kolonial wirtschaftliches Komitee* a en train les sept expéditions suivantes : du caoutchouc (Afrique occidentale), de l'Amérique centrale et méridionale, du Cunéné au Zambèze, de la ramie (Cameroun), de la région des steppes (Ouest-Africain allemand), de la gutta-percha (colonies du Pacifique), du coton (Togo).

Une société anglo-allemande va construire un chemin de fer qui ira du Sud de l'Angola aux mines d'Otavi à travers le Damara, pour rejoindre ultérieurement le réseau transvaalien.

TABLE DES MATIÈRES

CHARTRES. — IMPRIMERIE DURAND, RUE FULBERT.

www.ingramcontent.com/pod-product-compliance
Ingram Content Group UK Ltd.
Pitfield, Milton Keynes, MK11 3LW, UK
UKHW021256180726
13837UKWH00007B/476